Simone Schönwetter
Christine Meusburger

Abenteuer Natur Vorarlberg

Vom Bregenzerwald bis ins Montafon, vom Arlberg bis zum Bodensee

Hrsg.: Elisabeth Göllner-Kampel

wandaverlag.at

Wir freuen uns über Rückmeldungen, Eindrücke, Hinweise an:
www.wandaverlag.at, Mail: office@wandaverlag.at

Grafik: Alexandra Bründl
Layout: Julia Weinert, Manuel Thomasser, Melanie Eichhorn
Illustrationen: Sabine Köth, Melanie Eichhorn, Julia Weinert, Tsvetelina Lyubenova
Kartografie: Dorota Konieczka
Lektorat: Johanna Weber, www.lektorat-weber.at

ISBN: 978-3-902939-07-4
Abenteuer Natur Vorarlberg. Vom Bregenzerwald bis ins Montafon, vom Arlberg bis zum Bodensee. Über 60 spannende Ausflüge und Wanderungen.
Verlag: Wandaverlag, Römerstr. 16, 5081 Anif b. Salzburg, www.wandaverlag.at.
2023

Klimaneutral
Druckprodukt
ClimatePartner.com/53385-2210-1010

202122059
PRINTED IN AUSTRIA

MIX
Papier aus verantwortungsvollen Quellen
FSC® C017014
FSC www.fsc.org

Fotos: von den Autorinnen, anderenfalls lt. Abbildungsverzeichnis im Anhang
Umschlagbild vorne: Tour 44, Alpe Saluver, Garnitzatal

Inhaltsangabe

Hinweis:

Dieses Buch ist die Fortsetzung unseres ersten Buches: Kinderwagen- & Tragetouren.

Darin findet ihr weitere, sehr unterschiedliche, jedoch immer kindgerechte Wege in Vorarlberg.

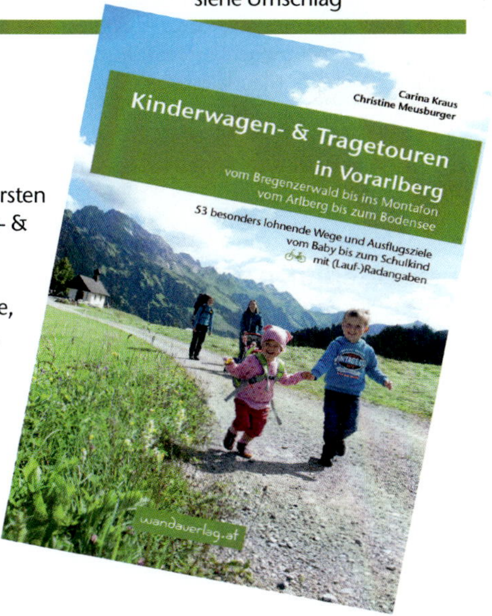

ISBN: 978-3-902939-06-7

Die Autorinnen:

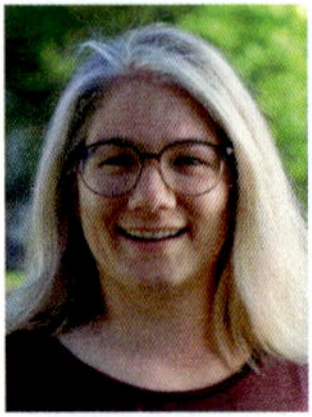

Simone Schönwetter (si)
ist aus dem Bezirk Feldkirch und Mittelschullehrerin für Mathematik und Sport. Mit ihrer Familie ist sie so gut wie täglich im Freien unterwegs und so sammelte sie die meisten Wanderungen in diesem Buch. Ihre drei Kinder haben fleißig mitgewirkt und auch ihre zwei Hunde, die sie als Schulhunde ausbildet, waren immer dabei.

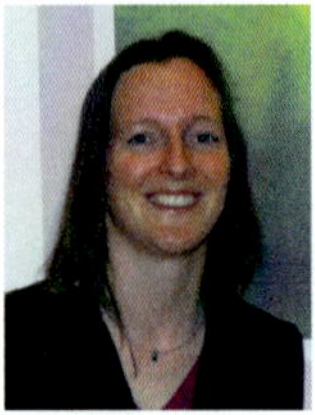

Christine Meusburger (cm)
ist ebenfalls begeisterte Bergsteigerin, Wanderführerin und Mutter von zwei Kindern. Geboren und aufgewachsen ist sie im Vorderbregenzerwald. Seit vielen Jahren lebt sie nun schon mit ihrer Familie im Hinterbregenzerwald, in Bezau, wo sie das Appartment „Magdalena“ an Gäste vermietet, Gratis-Wandertipps inkludiert ;).

Beide sind zudem Autorinnen unseres Bestsellers: „Kinderwagen- & Tragetouren Vorarlberg”.

Liebe Leserinnen und Leser,

vielen Dank, dass ihr euch für dieses Buch entschieden habt. Wir hoffen, dass es uns wieder gelungen ist, einen guten Ideengeber für den Familienalltag zu verfassen. Die Wege haben wir mit unseren Kindern über mehrere Jahre hinweg gesammelt und getestet. Es sind kurze und lange Wege dabei, solche für schönstes Bergwetter, aber auch für Nebel- oder Nieselwetter – denn Kinder wollen auch bei Regen beschäftigt werden.

Wir wünschen euch viele schöne Stunden in der Natur, genießt die Zeit!
Eure Autorinnen

Ein großer Dank ...

... an alle, die mit uns Ausflüge unternommen und so die Wanderungen zu schönen Erlebnissen haben werden lassen. Allen voran unseren Partnern und Kindern:
Thomas Schönwetter mit Jonas, Elias und Anna,
Rudl Meusburger mit Simon und Magdalena.
Dank auch an alle, die uns Tipps gegeben und Fotos zur Verfügung gestellt haben oder sich fotografieren ließen. Besonderen Dank an (alph.): Karin Baldauf, Silvia Berger, Marina Feurstein, Anette Fritz, Bettina und Verena Jäger, Gabriele Khoo, Brigitte und Pepi Lins, Carmen Lins, Nicole Lins, Annemarie Nußbaumer, Hans Nußbaumer, Johannes Nußbaumer, Maria Nußbaumer, Stefan, Katharina, Mila und Nino Schönwetter, Annelies und Peter Schönwetter, Justin Schröck, Martin Sprenger, Cornelia und Josef Vogt. Und, last but not least, Carina Kraus, die mit uns das Buch „Kinderwagen- & Tragetouren Vorarlberg" maßgeblich geschrieben hat, beim vorliegenden Buch jedoch leider aus Zeitgründen nicht mitwirken konnte, uns aber mit Rat und Tat unterstützt hat.

Zeichenerklärung der Übersichtstabelle (Näheres im Anhang):

Charakteristik (Char.):

↺	Rundweg	⇄	gleicher Rück- wie Hinweg
Seilbahn	Seilbahnbenützung erforderlich	→ Bus	Retourweg mit Bus empfohlen
↓	Höhenmeter werden nach oben ohne Pfeil, nach unten mit Pfeil angegeben		

Anforderung (Anf.):

● Leicht ● Mittel ● Schwer

Näheres zur Anforderung im Anhang.

Balken für Dauer:

An der Länge der Balken kann man erkennen, wie lange die Wanderung für eine Strecke dauert. Bei Rundwegen wird die Gehzeit für den gesamten Weg angezeichnet. Die hellgrauen Balken zeigen an, ob und inwiefern die Wanderung verlängert werden kann. Näheres in der jeweiligen Wegbeschreibung.

Schatten: Die dunklen Kreise in der Übersicht zeigen an, in welchem Ausmaß der Weg schattig ist, z.B.:

◔ Der Weg liegt nur zu einem Viertel im Schatten eines Waldes.

◑ Die Hälfte der Wegstrecke ist schattig.

Überblickstabelle der Wanderungen

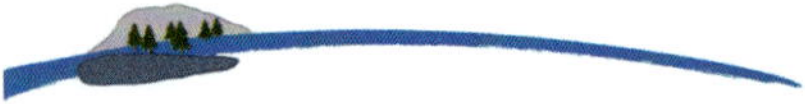

I. Leiblachtal und Kl. Walsertal	Char.	Gesamtdauer 2h 4h	Anf.	Seite
1. Entlang der Leiblach	⇄	▬	🟡	16
2. Walderlebnispfad Möggers	↺	▬	🔴	19
3. Breitachklamm	↺	▬▬	🔴	22
4. Burmi-Weg an der Breitach	⇄	▬	🟡	25
5. Findet's Haspelwaldmännle	↺	▬	🔴	28

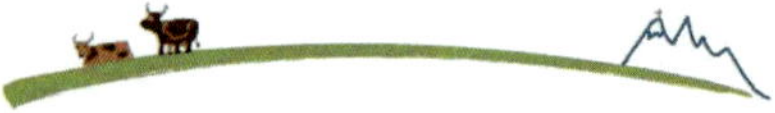

II. Bregenzerwald	Char.	Gesamtdauer 2h 4h	Anf.	Seite
6. Hochmoorweiher	↺	▬	🟡	32
7. Rossbad	↺	▬	🔴	35
8. Alberschwender Wasserfälle	⇄	▬▬	⚫	37
9. Fohramoos	↺	▬	🟡🔴	40
10. Hochhäderich	⇄	▬▬	🔴⚫	43
11. Georunde Rindberg	↺	▬	🟡🔴	46
12. Brühlbach-Wasserfälle	↺	▬	🟡🔴	49
13. Höhlenpark Bezau	↺	▬	🔴	52
14. Alpe Wildmoos	▯→	▬▬▬	🔴	55
15. Wetzsteinhöhle	↺	▬	🟡	57
16. Rosenburg Schnepfegg	⇄	▬	🟡	60

Höhen-meter	Länge km	Schatten	☀	☂	☃	Kinder-garten-kinder	Volks-schul-kinder	Ab 10 Jahren	Bus & Bahn
	5	◔	X	X	-	X	X	X	🚌
120	3	◕	X	-	-	X	X	X	🚌
245	2,2	◕	-	X	X	X	X	X	🚌
50	2,8	◔	X	X	X	X	X	X	🚌
230	4,6	◔	-	X	X	-	X	X	🚌

Höhen-meter	Länge km	Schatten	☀	☂	☃	Kinder-garten-kinder	Volks-schul-kinder	Ab 10 Jahren	Bus & Bahn
20	7,5	◑	-	-	X	X	X	X	🚌
140	3,5	◕	-	-	-	X	X	X	🚌
252	14,6	◔	X	-	-	(X)	X	X	🚌
70	3,5	◔	-	-	-	X	X	X	🚌
670	7,6	◔	-	-	-	-	(X)	X	-
130	2,1	○	-	X	-	X	X	X	🚌
71	3,2/3,4	◔	-	-	-	X	X	X	🚌
145	1,9	◕	-	X	-	X	X	X	🚌
36/ ↓ 420	10,2	◔	-	-	-	X	X	X	🚌
84	5,2	◔	-	-	-	X	X	X	🚌
50	3,4	◕	-	-	-	X	X	X	-

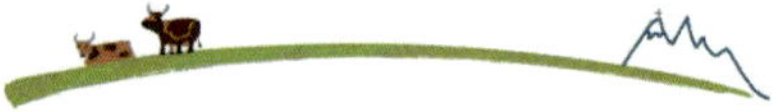

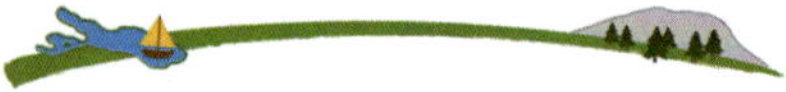

Höhen-meter	Länge km	Schatten				Kinder-garten-kinder	Volks-schul-kinder	Ab 10 Jahren	Bus & Bahn
565	5,2	○	-	-	-	-	(X)	X	-
440	9	○	-	-	-	-	X	X	-

Höhen-meter	Länge km	Schatten				Kinder-garten-kinder	Volks-schul-kinder	Ab 10 Jahren	Bus & Bahn
	4,9	○	X	X	X	(X)	X	X	🚌
280	3,3	◑	-	-	-	(X)	X	X	🚌
309	5,3	◔	-	-	-	(X)	X	X	🚌
45	2	◑	-	X	X	X	X	X	🚌
160	3,3	◑	X	-	-	X	X	X	🚌
50	2,5	◑	-	-	-	X	X	X	-
	1,2	◔	X	X	X	X	X	X	🚌
130	3	◑	-	-	-	X	X	X	🚌
180	9	◕	-	-	-	(X)	X	X	🚌
170	3,5	◑	-	X	-	X	X	X	🚌
250	1,2	◑	-	-	-	(X)	X	X	🚌
60	2,6	◔	X	X	-	X	X	X	🚌
170	5	◑	X	-	-	(X)	X	X	🚌
200	4,6	◕	X	-	-	(X)	X	X	🚌

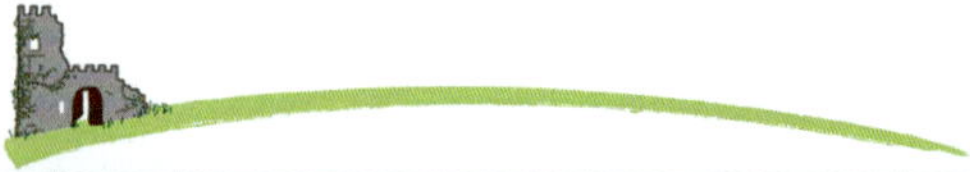

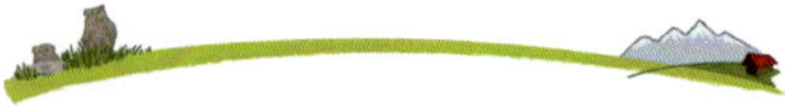

Höhen-meter	Länge km	Schatten				Kinder-garten-kinder	Volks-schul-kinder	Ab 10 Jahren	Bus & Bahn
160	3,3	◕	-	-	-	X	X	X	🚌
180	3,5	◑	-	-	-	(X)	X	X	🚌
90	1,8	◑	-	-	-	X	X	X	🚌
100	2	◔	-	-	-	(X)	X	X	-
100	2,5	◕	-	-	-	X	X	X	-
170	3,5	◔	-	-	-	X	X	X	🚌
100	3,2	◑	-	X	-	X	X	X	🚌
50	2	◔	-	X	X	X	X	X	🚌
170	4	◕	-	-	-	(X)	X	X	-
90	2,8	◑	-	-	-	X	X	X	🚌
73	2,3	◔	-	-	-	X	X	X	🚌

Höhen-meter	Länge km	Schatten				Kinder-garten-kinder	Volks-schul-kinder	Ab 10 Jahren	Bus & Bahn
115	6,6	◑	X	-	-	(X)	X	X	🚌
420	9,6	◑	-	-	-	-	(X)	X	🚌
240	4,8	◔	X	-	-	(X)	X	X	🚌

Höhen-meter	Länge km	Schatten				Kinder-garten-kinder	Volks-schul-kinder	Ab 10 Jahren	Bus & Bahn
372	3,2	○	-	-	-	-	(X)	X	🚌
300	4	○	-	-	-	(X)	X	X	🚌
150	2,5	○	-	-	-	X	X	X	🚌
370/ ↓ 714	7,7	◔	-	-	-	(X)	X	X	🚌
50	2-5	◑	-	-	X	X	X	X	🚌

Höhen-meter	Länge km	Schatten				Kinder-garten-kinder	Volks-schul-kinder	Ab 10 Jahren	Bus & Bahn
280	8,2	◔	-	-	-	X	X	X	🚌
100	6	○	-	-	-	(X)	X	X	🚌
50	2,7	◑	-	-	-	X	X	X	🚌
↓ 485	5,4	◑	-	-	-	(X)	X	X	🚌
340	6,7	◑	-	-	-	-	X	X	🚌
134	4,5	◔	X	-	-	X	X	X	🚌
150	4,3	◔	X	-	-	X	X	X	🚌

Plant ihr eine neue Tour?
Dann schaut ab und zu unter „Aktuelles zum Buch"
auf wandaverlag.com
Denn manchmal gibt es Änderungen ....

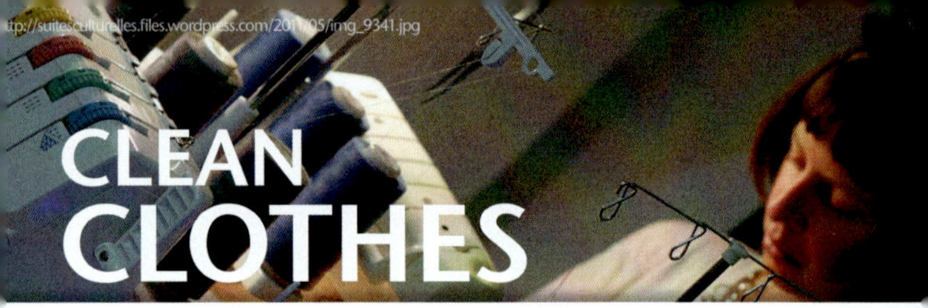

KAMPAGNE FÜR „SAUBERE" KLEIDUNG WELTWEIT

Der Großteil unserer Kleidung wird in Lateinamerika, Asien und Afrika hergestellt. Die normale Arbeitszeit beträgt zwischen 14-17 Stunden täglich, 7 Tage die Woche! Die sklavenähnlichen Bedingungen der ArbeiterInnen erinnern an die Bedingungen in Europa im 19. Jahrhundert. Nur, dass diesmal Reich & Arm nicht mehr im selben Land, sondern 10.000 Kilometer entfernt voneinander leben. In den Fabriken hängen oft Markenhemden und Billighemden nebeneinander. Ein teures Markenhemd sagt keinesfalls aus, dass die Arbeitsbedingungen bei der Hestellung besser waren.

Die Clean Clothes - Kampagne, die von hunderten Organisationen und ArbeiterInnenvereinigungen rund um die Welt getragen wird, setzt sich für die Rechte der ArbeiterInnen und eine Verbesserung der Arbeitsbedingungen in der internationalen Bekleidungs- und Sportartikelindustrie ein.

Wer bekommt die 100,– Euro für meine Sportschuhe?

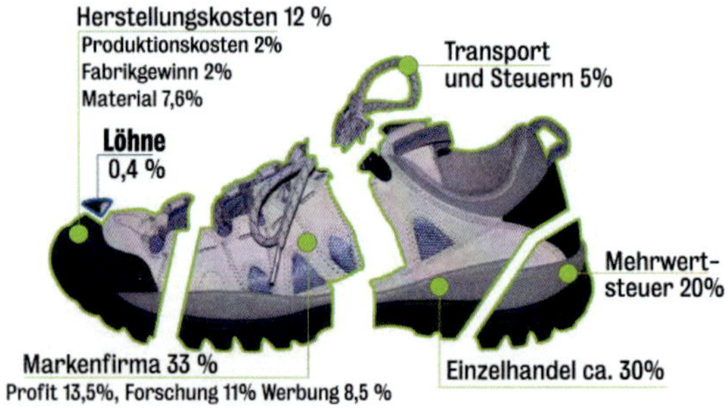

SCHREIBEN SIE UNS ODER RUFEN SIE UNS AN!

Abonnieren Sie kostenlos den Rundbrief der Clean Clothes Kampagne und informieren Sie sich über Herstellungsweisen - z.B. was hinter Markenartikel-Herstellern steckt:

CH: www.cleanclothes.ch D: www.sauberekleidung.de Ö: www.cleanclothes.at

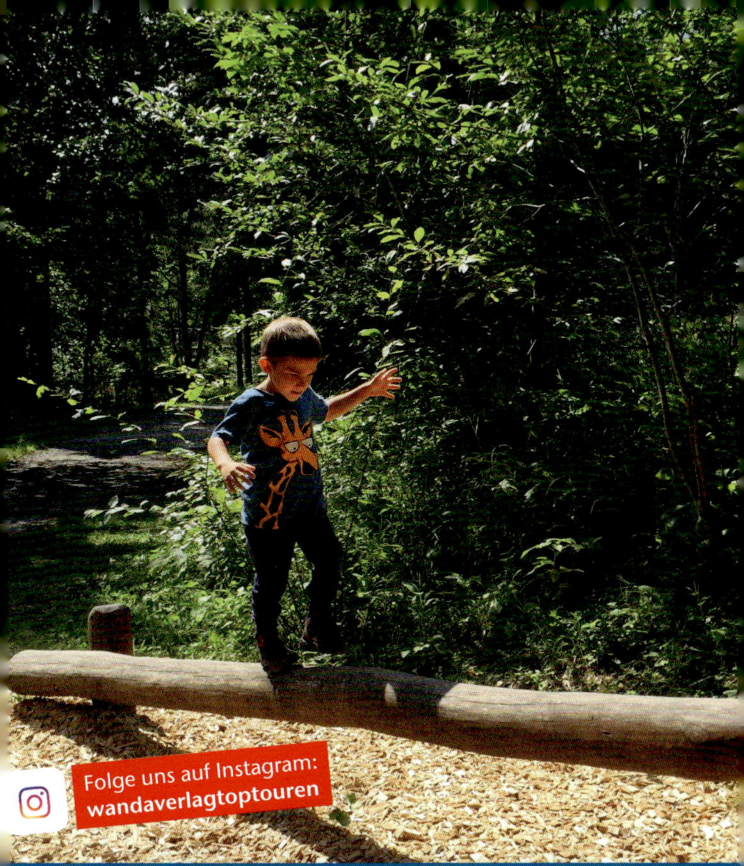

I. Leiblachtal & Kleinwalsertal

1 Entlang der Leiblach

Hörbranz: spannende Wanderung am Wasser

si

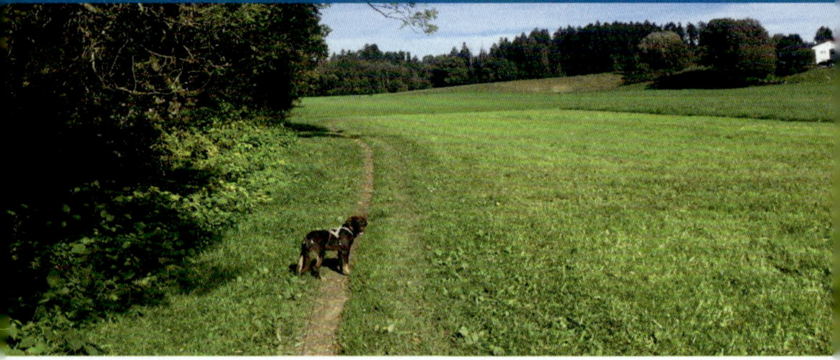

Diese Wanderung führt die meiste Zeit auf einem schmalen Wiesen- und Waldweg an der Leiblach entlang, dem Grenzfluss zwischen Österreich und Deutschland. Das Ziel ist das Gasthaus Bad Diezlings, ein ehemaliges Heilbad. „Diezano"-Tafelwasser mit Zitronengeschmack und „Diez-Orange"-Tafelwasser mit Orangengeschmack, das vielen Vorarlbergern ein Begriff ist, wurde jahrelang bis zur Verlagerung nach Dornbirn in Bad Diezling abgefüllt. Die schmalen Wald- und Wiesenwege sind nett zu laufen und hin und wieder besteht die Möglichkeit, am Bach zu plantschen. Wer also nicht den ganzen Weg gehen mag, nimmt eine Zugangsstelle zum Bach als Ziel.

Wetter: Anforderung: Gesamtdauer: 1 ½ h

Anforderung:	Leicht; eben; Wald- und Wiesewege, spannende Wegführung entlang der Leiblach.
Dauer:	Eine Strecke (bis zum Weiher): ¾ h; 2,5 km. Auch kürzere Abschnitte sind lohnend.
Wetter:	Bei jedem Wetter geeignet, wobei bei Regen und Schnee der Wiesenweg an der Leiblach matschig und rutschig sein kann. Die Runde ist vor allem im Herbst und im Frühling nett.

Kindergarten-kinder:	Die Wanderung ist sehr abwechslungsreich mit einem Spielplatz beim Ausgangspunkt, einer nettenKneipp-anlage beim Gasthaus Bad Diezlings und einem kleinen Weiher beim Ziel. Je nach Lauffreudigkeit und Kondition in diesem Alter nur einen Teilabschnitt gehen, auch das ist lohnend. Die Leiblach lädt im Sommer zum Plantschen ein und es gibt immer wieder Tiere wie Esel, Pferde, Kühe am Wegesrand zu sehen.
Volksschulkinder:	Siehe oben.
Ab 10 Jahren:	Nette Runde für zwischendurch, die auch verlängert werden kann, siehe Skizze.

Navi: 6912 Hörbranz, Flurweg.

Anfahrt: A14 Abfahrt Lochau/Hörbranz, Richtung Hörbranz Dorfmitte fahren, bei der Raiffeisenbank links in die Heribrandstraße und beim Sozialzentrum links in den Flurweg einbiegen. Am Ende der Straße gibt es Parkplätze bei der Sportanlage.

Bus/Bahn: Linie 12, Hst. Hörbranz Sozialzentrum. Bei der Hst. den Weg leicht abwärts in den Flurweg nehmen und bis zum Sportplatz/Ausgangspunkt laufen (Wegverlängerung ca. 5 min).

Ausgangspunkt/P: Sportanlage Sandriesel, Hörbranz.

Infos/Gaststätten: *Bad Diezlings; uriges Gasthaus mit netter Lage, aufgrund eines Pächterwechsels konnten bei Redaktionsschluss keine Öffnungszeiten eruiert werden.

Wegbeschreibung: Beim Ausgangspunkt mit dem Sportplatz im Rücken führt der Weg rechts weg und vorbei an den Sportstätten. Gleich darauf ist die Leiblach erreicht und ab nun geht's immer entlang des Baches. Hinweis: Nach ca. 20 min würde der Pfad rechts hinauf zur Straße führen. Diesem NICHT folgen, sondern über ein kleines Zuflussbächlein steigen und am verwurzelten, verwachsenen, mit teilweise moosigen Steinen gesäumten Waldpfad direkt entlang der Leiblach bleiben. Hier beginnt der abenteuerliche Teil der Wanderung. Der Waldweg ist nicht sehr gut gepflegt, daher für kleinere Kinder etwas schwer zu gehen. Etwas später muss ein weiteres Bächlein überquert werden. Anschließend geht der Weg wieder

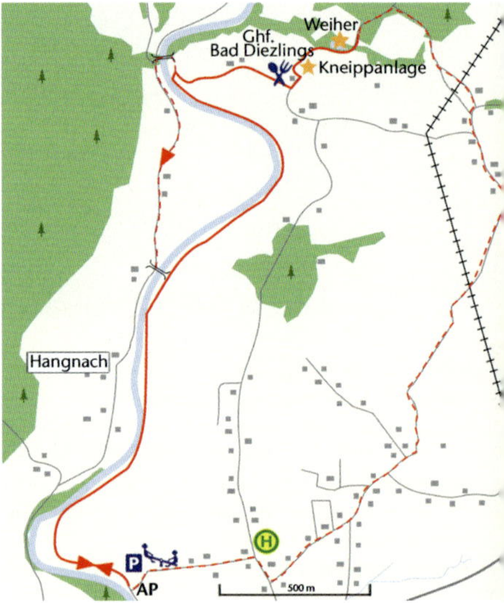

in einen Wiesenweg über. An dessen Ende rechts abbiegen und durch die Häuser zum Gasthaus Bad Diezlings hinaufgehen. Hinter dem Gasthaus befindet sich eine nette Kneippanlage. Nach einigen Minuten weiter am „Diezlinger Rundweg" lädt ein kleiner netter Weiher mit Bänken zum Rasten und ein Brunnen zum Plantschen. Entweder nun den gleichen Weg retour nehmen oder über die Brücke (siehe Skizze) und auf der deutschen Seite zurück zum Ausgangspunkt gehen. Hier kommt man an ein paar Bauernhöfen mit Weidetieren vorbei.

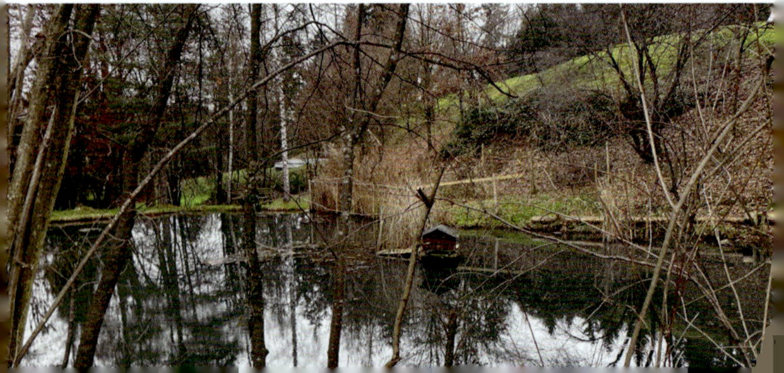

2 Walderlebnispfad Möggers

Möggers: imposante Schluchtenwanderung

si

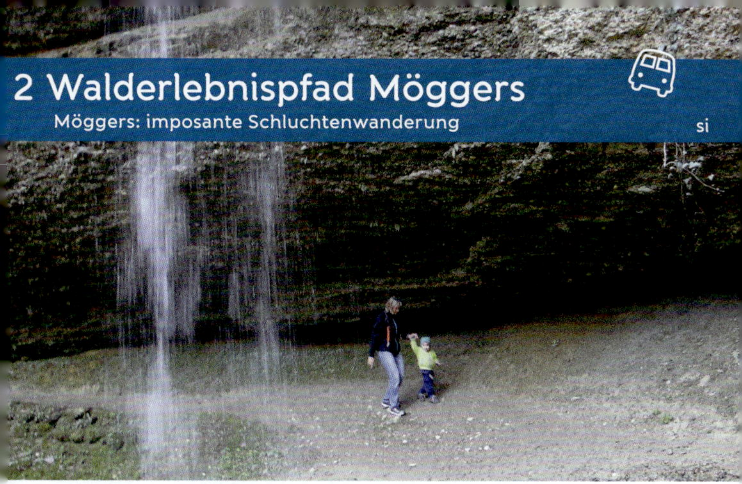

Diese Wanderung führt durch das naturbelassene Sägetobel mit schönen Wasserfällen und aufregenden Stationen. So wandert man unter einem Wasserfall durch, es gibt Balken zum Balancieren, eine schwankende Hängebrücke, kreative Rastplätze u.v.m. Kurz, ein abwechslungsreiches Ausflugsziel für die ganze Familie.

Wetter: | Anforderung: | Gesamtdauer: 1 ½ h

Anforderung: Mittel; ca. 120 Hm; kurze steile Teilstücke, gutes Schuhwerk wichtig.

Dauer: RW: 1 ½ h; 3 km. Zusätzlich Zeit für die Spielstationen einplanen.

Wetter: Wanderwetter, großteils schattig durch den Wald.

Kindergarten-kinder:	Aufgrund der Kürze sehr empfehlenswert, super abwechslungsreich und motivierend. Spielein-ladende Bächle, Wechselhäs nicht vergessen.
Volksschulkinder:	Sehr empfehlenswert! Viele Klettermöglichkeiten bei der Inspirationsrunde, es gibt bei vielen Stationen Abstufungen dem Alter der Kinder entsprechend.
Ab 10 Jahren:	Auch für größere Kinder sehr empfehlenswert. Der Weg führt direkt an der Motocrossstrecke vorbei und wenn man Glück hat, kann man den Fahrern zusehen, wie sie waghalsig über Schanzen springen und ihre Motorräder vorbereiten.

Navi: 6912 Möggers, Schönstein.

Anfahrt: A14, Autobahnausfahrt Lochau, Richtung Hohenweiler, danach Beschilderung rechts Richtung Möggers folgen. Walderlebnispfad links weg ist sehr gut angeschrieben.

Bus/Bahn: Linie 12 ab Lochau Bahnhof, Hst. Ruckstein (ca. 10 Min. Wegverlängerung)

Ausgangspunkt/P: Gebührenpflichtiger P Schönstein, Richtwert € 2,50.

Infos/Gaststätten: *Walderlebnispfad, www.walderlebnispfad.at. *Schönsteinhof, Buschenschank mit Hofladen, Tel. +43 664 4717687, www.schoensteinhof.jimdo.com.

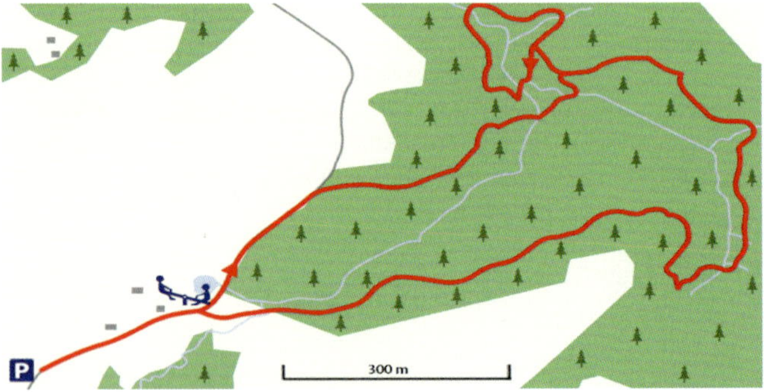

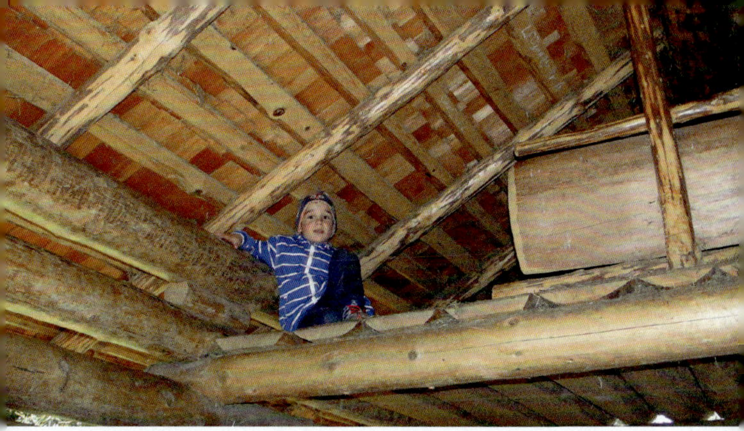

Wegbeschreibung: Vom Parkplatz Schönstein führt der Weg abwärts vorbei am Schönsteinhof mit den vielen Tieren. Gleich darauf kommt unüberhörbar die Motocrossstrecke auf der rechten Seite, die unweigerlich zu einem ersten Halt und Beobachten zwingt. Anschließend links halten und immer der Beschriftung folgen. Etwa in der Mitte der Wanderung gibt es noch eine Inspirationsrunde, die nochmals ca. 25 Minuten dauert. Dieser Teil ist wunderbar gestaltet und lädt im Sommer auch zum Plantschen ein.

Aus der Wandertrickkiste:
Brezerl z. B. aus Bio-Dinkel mit einer Schnur zu einer Kette fädeln. gehend und knabbernd vergeht die Zeit wie im Flug. (Achtung: Aufgrund der Verletzungsgefahr nicht zu eng um den Hals legen.

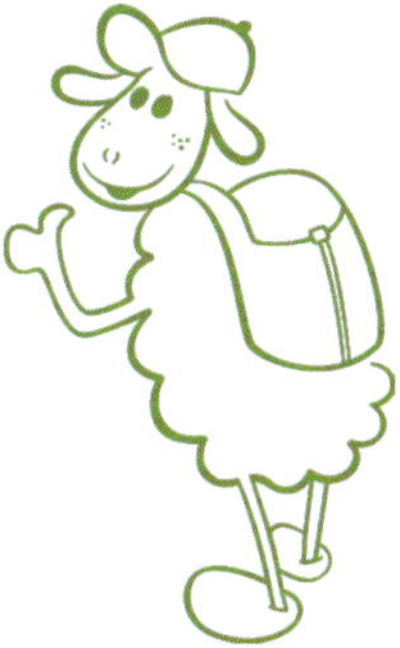

3 Breitachklamm (1000 m)

Riezlern/Oberstdorf: faszinierendes Naturschauspiel in der Klamm si

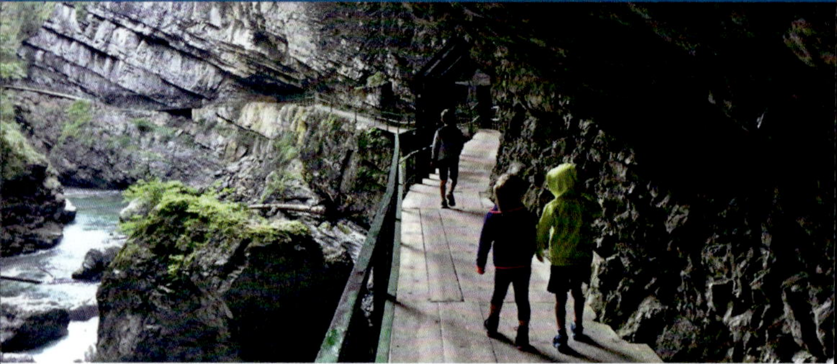

Die Breitachklamm ist die tiefste Felsenschlucht Mitteleuropas und ein imposantes Naturdenkmal. Obwohl man Eintritt zahlen muss (P1), ist es durchaus lohnend, die Schlucht einmal zu besuchen. Grundsätzlich kann sie bei jedem Wetter und in jeder Jahreszeit begangen werden, siehe Öffnungszeiten unter Infos. Man muss wissen, dass vor allem in den Ferien viel los ist. Die Klamm darf nur in eine Richtung begangen werden (von P1 zu P2)! Es gibt es keine Einkehrmöglichkeit, daher Proviant mitnehmen.

Wetter: Anforderung: Gesamtdauer: 1–2 ½ h

Anforderung: Variante 1 von P1: Mittel; durch die Schlucht ca. 245 Hm aufwärts, Möglichkeit, mit Bus retour zu fahren;
Variante 2 von P2 (empfehlenswert, wenn ihr im Kleinwalsertal wohnt oder nächtigt): Schwer; steil bergab; Wald- und Schotterwege. Achtung, die Wege und Stege in der Schlucht können durch die Feuchtigkeit rutschig sein. Sicherheitshinweise auf der Homepage und am Eingang der Schlucht beachten!

Dauer:	RW Variante 1: 1 h Gehzeit, mit Bus retour, 2 km. RW Variante 2: 2 ½ h. Verweildauer einplanen.
Wetter:	Bei jedem Wetter, auch im Winter geeignet.

Kindergarten-kinder:	Die Klamm ist für Kinder jeden Alters geeignet. Kleinere Kinder an der Hand führen und Sicherheitshinweise beachten. Rückfahrt mit dem Bus.
Volksschulkinder:	Siehe oben. Rückfahrt mit Bus. Bessere und versierte LäuferInnen ab ca. 8 Jahren können schon über den sehr steilen Weg zurück gehen.
Ab 10 Jahren:	Sehr gut geeignet.

Navi: P 1: 87561 Oberstdorf (Deutschland), Klammstraße 47; P 2: 6991 Riezlern, Walserschanz.

Anfahrt: Tiefenbach P 1: B19 Richtung Oberstdorf dem Parkleitsystem folgen. Von Oberstdorf kommend Richtung Fischen fahren, beim Kreisverkehr am Geiger-Gebäude links nach Tiefenbach abbiegen. Walserschanz P 2: Beim Kreisverkehr beim Geiger-Gebäude Richtung Kleinwalsertal abbiegen. Nach ca. 10 min befindet sich der Parkplatz kurz nach der Staatsgrenze. Parkplätze sind gebührenpflichtig (3 € pro Tag).

Bus/Bahn: Linie 1, Hst. Walserschanz oder Linie 44. Mit der Linie 44 von der Breitachklamm bis zum Busbahnhof Oberstdorf, dann in die Linie 1 ins Kleinwalsertal umsteigen.

Ausgangspunkt/P: P 1 oder P 2 der Breitachklamm.

Infos/Gaststätten: * Breitenbachklamm, www.breitachklamm.com, geschl. meist Nov.–Dez. und März–Apr., genaue Infos siehe Homepage, Online-Tickets am Vortag buchbar, RP Erw. 6,50 €; Ki. (5–15J.) 2,50 €, Vergünstigungen mit der Allgäu-Walser-Card. *Gasthaus Breitachklamm bei P1 in Tiefenbach, Tel. +49 (0) 8322 4643, gasthaus-breitachklamm.de, Öffnungszeiten siehe Homepage, da es Sommer und Winteröffnungszeiten gibt. *Alpe Dornach, Gasthaus mit Spielplatz und Übernachtungsmöglichkeiten, Tel. +49 (0) 8322 6630, www.alpe-dornach.de, kein Ruhetag. *Klamm-Stüble bei P2 an der Walserschanz. *Zusatztipp: Schiflugschanze in Oberstdorf, Tel. + 49 (0) 8322 700 5201, www.schiflugschanze-oberstdorf.de, Öffnungszeiten siehe Homepage.* Zusatztipp: Audiarena bei der Schattenbergschanze, Schanze sieht man bei der Anfahrt nach Oberstdorf sehr gut, Tel. +49 (0) 8322 8090300, www.audiarena.de.

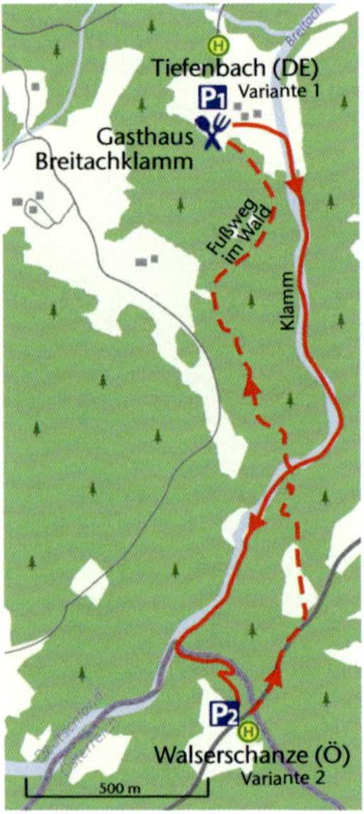

Wegbeschreibung: Variante 1 von P1: P1 befindet sich in Tiefenbach bei Oberstdorf, dort ist auch die Kasse und der Eintritt in die Schlucht. Da es eine Einbahnregelung durch die Schlucht gibt, könnt ihr am Ende der Schlucht nach oben zur Walserschanze laufen und von P2 den Shuttlebus zurück über Oberstdorf nach Tiefenbach nehmen. Es führt auch ein sehr steiler, gut beschilderter Fußweg durch den Wald zurück zu P1. Dieser Weg ist aber nur für trittsichere Kinder ab 8 Jahren geeignet. Variante 2,strichlierte Linie, von P2 (empfehlenswert, wenn ihr dort woht oder nächtigt): P2 liegt an der Walserschanze im Kleinwalsertal. Von dort könnt ihr entweder mit dem Shuttlebus (s.o.) oder den markierten, sehr steilen Waldweg (strichlierte Linie) zu P1 nehmen, von wo aus ihr durch die Schlucht wieder zur Walserschanze und P2 gelangt .

Aus der Wandertrickkiste:
Jedes Kind darf sich drei Figuren aussuchen und daraus wird eine Geschichte gesponnen

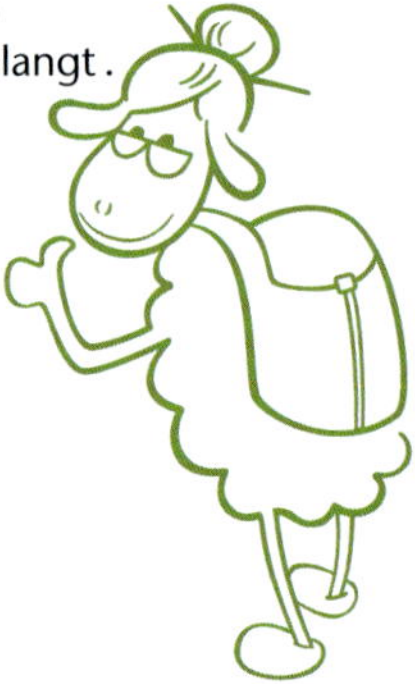

4 Burmi-Weg an der Breitach (1122 m)

Hirschegg: nette Spielstationen an der Breitach si

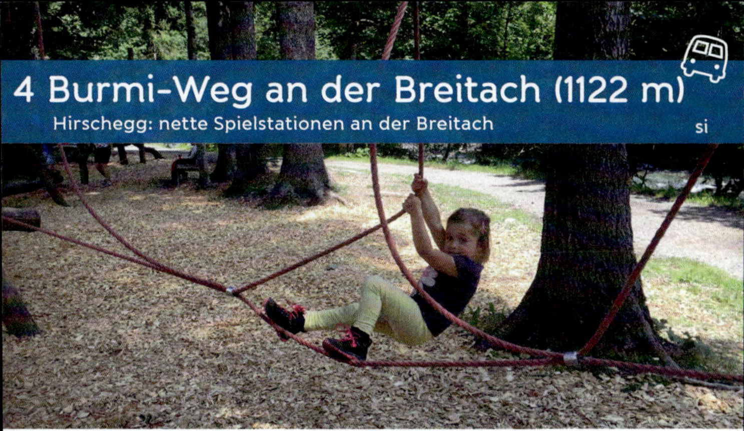

Murmeltiere oder Murmele, wie sie in Vorarlberg genannt werden, heißen im Kleinwalsertal Burmänta. Entlang der Breitach wurde diesem beliebten Alpentier ein Themenweg gewidmet, der Burmi-Weg. Grundsätzlich kann man von beiden Richtungen aus starten, interessanter für Kinder ist es jedoch von Hirschegg aus, weil vom Tourismusbüro ein Rätselheft mitgenommen werden kann und die 1. Station auch nicht so lange auf sich warten lässt. Es gibt immer wieder Stellen, die zum Plantschen an der Breitach einladen, und bei der Grillstelle befinden sich Bänke zum Rasten. Der Weg ist sowohl bei Kindern als auch bei Erwachsenen sehr beliebt, für eine Strecke empfehlen wir den Bus zu nehmen. Hinweis: Bei der Bergstation der Kanzelwandbahn gibt es ebenfalls einen kleinen Erlebnisweg mit Wasser, mit den Bahnkosten wird dieser Ausflug jedoch ein bisschen teuer.

Wetter: Anforderung: Gesamtdauer: 2 h

Anforderung:	Leicht; 50 Hm; Asphaltstraße und Schotterwege.
Dauer:	Eine Strecke: Ca. 1 h, genügend Spielzeit einplanen; 1,4 km.
Wetter:	Bei jedem Wetter, auch leichtem Nieselwetter und bei Schneelage möglich.

Kindergarten-kinder:	Gut geeignet, die Strecke ist auch kinderwagentauglich. Nette Spielplatzstationen entlang der Strecke motivieren zum Weitergehen. Mehrere Möglichkeiten, am Bach zu plantschen, z.B. auch bei der Grillstelle.
Volksschulkinder:	Siehe oben.
Ab 10 Jahren:	Siehe oben.

Navi: 6991 Riezlern, Walserstraße 77 (Kanzelwandbahn). AP: 6992 Hirschegg, Tourismusbüro Hirschegg, Walserstraße 264 a.

Anfahrt: Anfahrt ins Kleinwalsertal über Deutschland (Riedbergpass, Oberstdorf), am besten bei der Kanzelwandbahn parken (gebührenpflichtig) und mit dem Bus (Hst. direkt bei der Kanzelwandbahn) weiter nach Hirschegg (Hst. Walserhaus) fahren.

Bus/Bahn: Linie 1, Hst. Hirschegg Walserhaus.

Ausgangspunkt/P: Walserhaus in Hirschegg (Empfehlung, jedoch das Auto bei der Talstation Kanzelwandbahn zu parken und mit dem Bus zum Ausgangspunkt zu fahren, dann steht das Auto am Ende der Wanderung bereit).

Infos/Gaststätten: *Keine auf dem Weg, in Hirschegg und in Riezlern gibt es im Dorf Gaststätten. *Walserhaus, www.kleinwalsertal.com. *Kanzelwandbahn, Tagesticket P € 5.

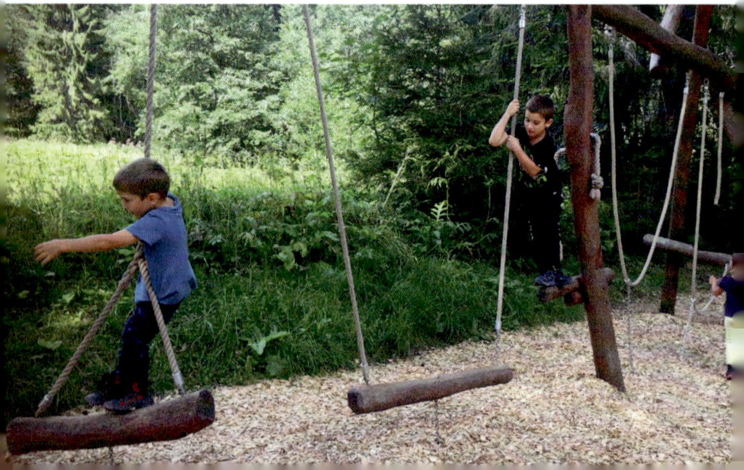

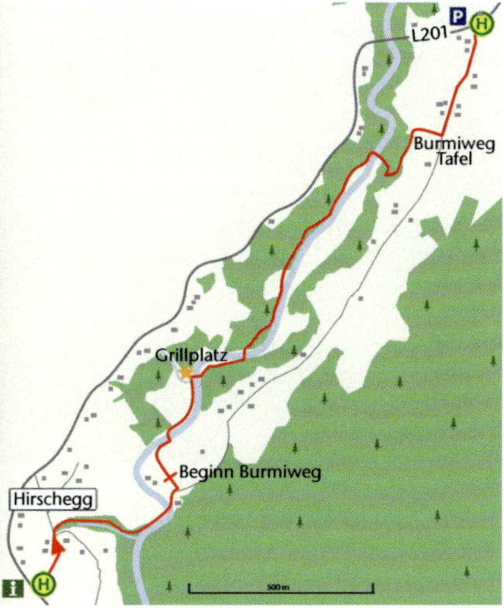

Wegbeschreibung: Beim Walserhaus über die Straße gehen und in den Mühleweg einbiegen. Es geht an der Volksschule vorbei, dem Wegweiser Richtung Leidtobel abwärts folgen und nach der Brücke den Breitachweg Richtung Riezlern nehmen. Hier begrüßt das Thementier „Burmi“ mit einem markanten und schon von Weitem sichtbaren Eingangstor. Nun gehts gemütlich und eben von einer Station zur anderen. Am Ende des Themenwegs links auf der Asphaltstraße Richtung Riezlern und Kanzelwandbahn laufen, bei der breiten Walserstraße rechts und in wenigen Minuten zum Parkplatz der Bahn und/oder zur Bushaltestelle Kanzelwandbahn.

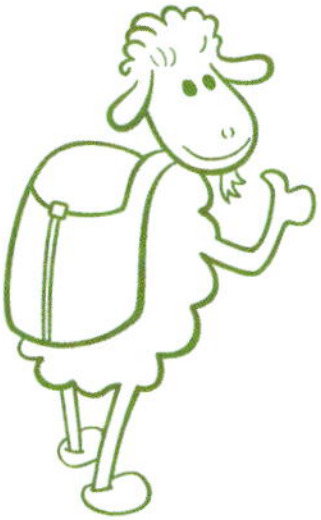

Aus der Wandertrickkiste:
Vielleicht gibt es in der Nachbarschaft einen netten Hund zum Ausleihen? Mit Hunden zu wandern kann Flügel verleihen ;-)

5 Findet's Haspelwaldmändle (1200 m)

Mittelberg: Wo ist das Haspelwaldmändle? si

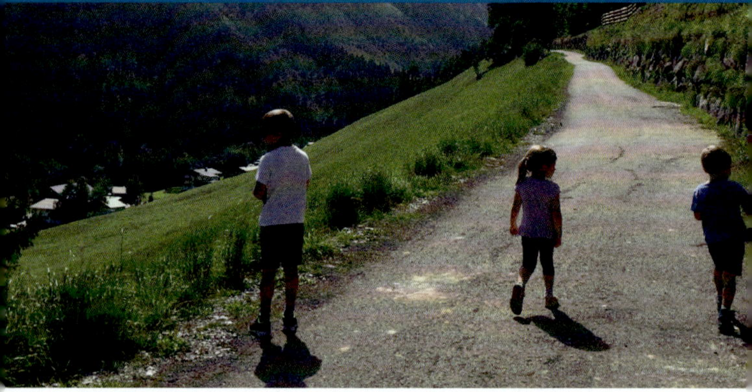

Bei dieser Wanderung haben wir uns schwergetan zu entscheiden, ob wir den Weg aufnehmen. Einerseits gibt es nette Informationstafeln und eine Geschichte rund um das „Haspelwaldmändle“, Tiere am Wegesrand und ein sehr nettes, kinderfreundliches Zielgasthaus, andererseits führt der Weg hinauf in großen Teilen auf einem Asphaltweg, er ist sehr lange und steil, d.h. für Kinder eher langweilig. Entscheidet selbst.

Wetter: Anforderung: Gesamtdauer: 2 h

Anforderung:	Mittel bis schwierig; 230 Hm; mittel bis steil; Asphaltweg und Waldweg.
Dauer:	RW: 2 h; 4,6 km.
Wetter:	Schönes Wanderwetter, da aber der Großteil des Weges asphaltiert ist, ist er auch bei Regenwetter möglich. Im Winter hat die Bühlalpe auch offen und liegt am Winterwanderweg, wobei die Streckenführung leicht abweicht.

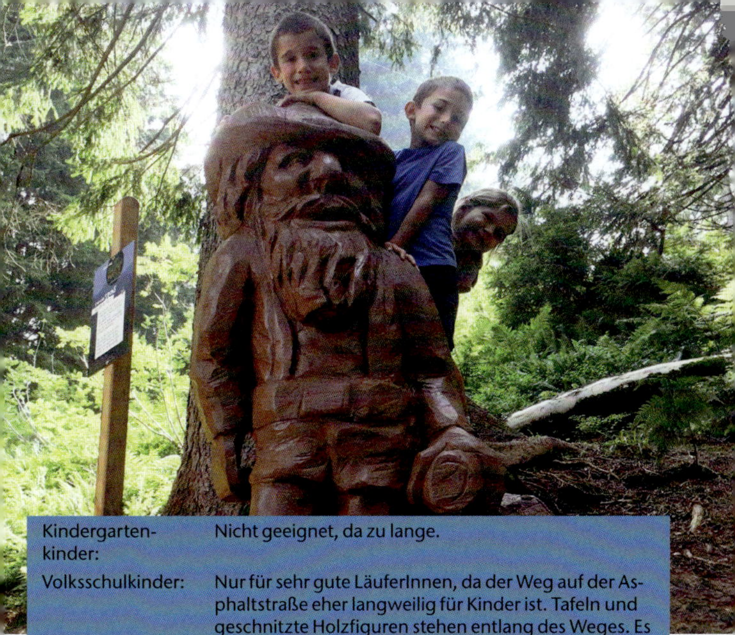

Kindergarten-kinder:	Nicht geeignet, da zu lange.
Volksschulkinder:	Nur für sehr gute LäuferInnen, da der Weg auf der Asphaltstraße eher langweilig für Kinder ist. Tafeln und geschnitzte Holzfiguren stehen entlang des Weges. Es sind immer wieder Tiere wie Kühe, Schafe und Pferde auf dem Weg und auf der Alpe gibt es ein Pony und einen Esel, die auf Anfrage gestreichelt werden dürfen.
Ab 10 Jahren:	Nette Wanderung für gehfreudige Kinder.

Navi: 6993 Mittelberg, Moosparkplatz , P 10, Tagesticket € 8.

Anfahrt: Anfahrt ins Kleinwalsertal über Deutschland (Riedbergpass, Oberstdorf), dann bis nach Mittelberg fahren, kurz nach der Walmedingerhorn-Bahn ist der Parkplatz.

Bus/Bahn: Linie 1, Hst. Mittelberg, von der Kirche Richtung Walmedingerhorn-Bahn laufen.

Ausgangspunkt/P: Moosparkplatz, P 10.

Infos/Gaststätten: *Bühlalpe, nette Alpe/Gasthaus, kinderfreundlich, liegt in der Mitte der Wanderung, Rätsel vom Haspelwaldmändle gibt's an der Theke, Tel. +43 650 5304551, www.buehlalpe.at, Ruhetag: Mi. *www.haspelwaldmaendle.at.

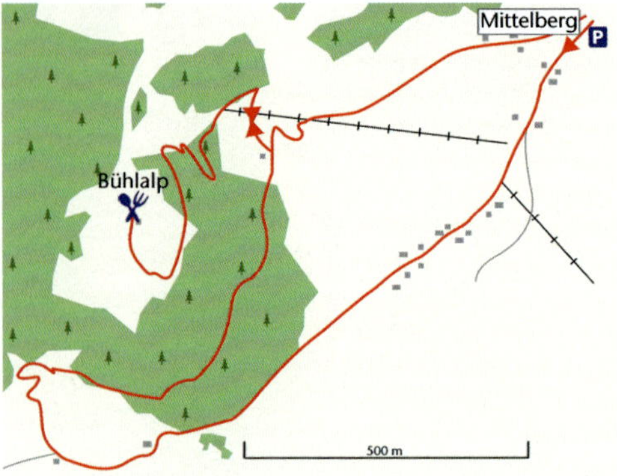

Wegbeschreibung: Beim Ausgangspunkt dem Weg Richtung Erlenboden folgen. Nach dem zweiten Hof führt der Weg dann in einen ursprünglichen Wald. Kurz ist es hier abschüssig, daher bitte Kinder für diese kurze Strecke an der Hand führen. Anschließend immer den Schildern des Haspelwaldmändle Richtung Bühlalpe folgen. Beim Rückweg ab der Gabelung den Wegweisern Richtung Mittelberg folgen.

Aus der Wandertrickkiste:
Mit Singen lässt sich auch während des Wanderns die Zeit verkürzen!

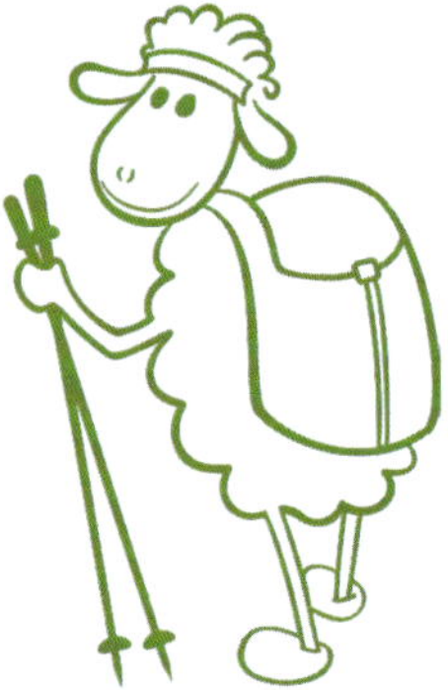

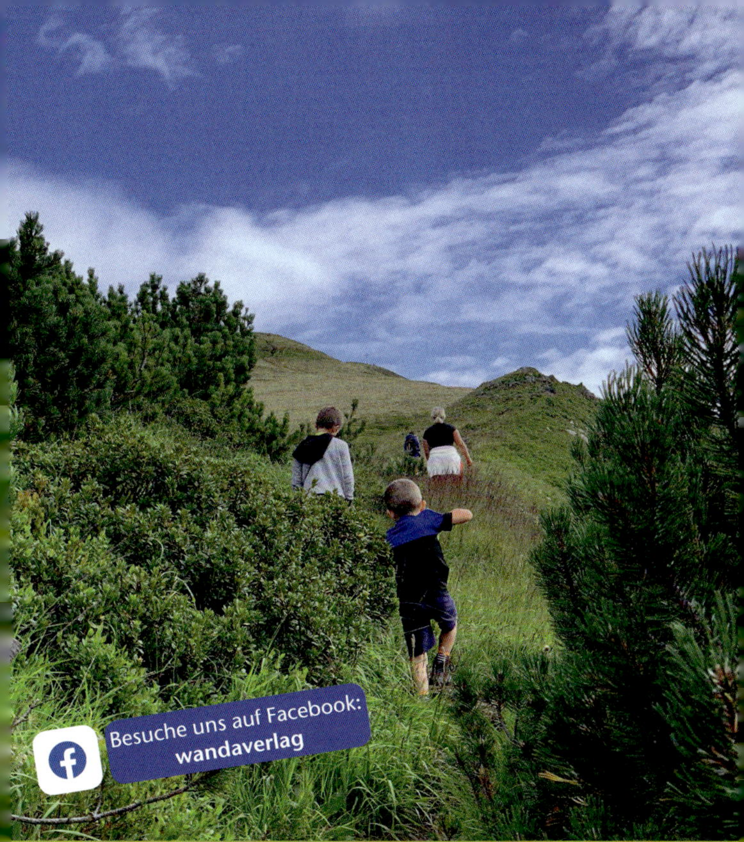

II. Bregenzerwald

6 Hochmoorweiher (1025 m)

Sulzberg: spannender Erlebnisweg mit Panoramablick

cm

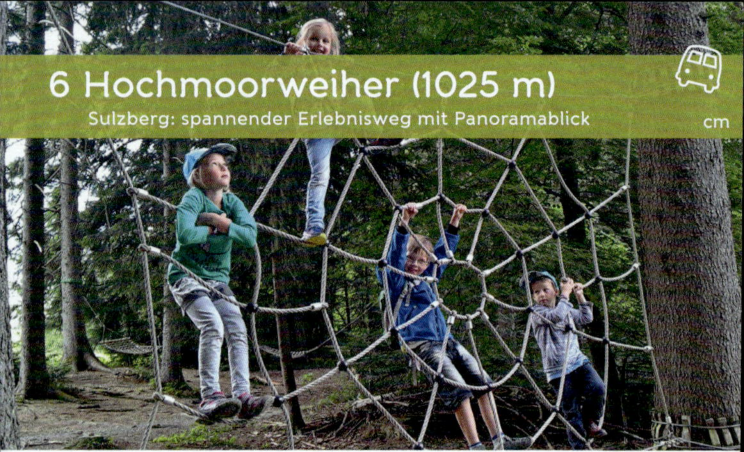

Die Wanderung zum Grenzerpfad beginnt mit einem schönen Panoramaweg und führt zu einem wunderschönen, versteckten Hochmoorweiher mit vielen Wildrosen. Der Ausblick reicht von den Bergen des Bregenzerwaldes über die Schweiz bis ins Allgäu. Entlang der Grenze verläuft der Rundweg auf sehr abwechslungsreichen Pfaden, mal ein Forstweg, mal Wege aus Hackschnitzeln mit kleinen Brücken, Trampelpfade über Wurzeln, auf Brettern über das Moor und querfeldein. Der Grenzerpfad selbst ist ein liebevoll angelegter Erlebnisweg mit insgesamt zehn Stationen. Der „Schmugglerpeter", eine Figur, lädt immer wieder ein, die Natur spielerisch zu erforschen. Im Winter ist die Wanderung bis zum „Kalten Brunnen" möglich.

Wetter: ☀ ☃ ◑ | Anforderung: ● | Gesamtdauer: 2 h

Anforderung: Leicht; 20 Hm; Asphaltstraße, dann Forstweg, danach hauptsächlich durchwurzelte Waldwege, Moorpfad teilweise auf Holzbrettern, und Holzschnitzelwege.

Dauer: RW: 2 h; 7,5 km.

Wetter:	Schönes Wanderwetter; im Winter ist ein Teil des Wegs geräumt, Verlängerung zum „Kalten Brunnen" wird gewalzt. Zufahrtsweg (1,4 km) sonnig, Grenzerpfad liegt überwiegend im Schatten.

Kindergarten-kinder:	Gut geeignet, abenteuerlicher Grenzerpfad, Spielmöglichkeit beim „Kalten Brunnen" (Kletternetz, Hütte und Wasserbrunnen).
Volksschulkinder:	Siehe oben.
Ab 10 Jahren:	Siehe oben.

Navi: 6934 Sulzberg, Dorf 351.

Anfahrt: A14, Autobahnabfahrt Bregenz – Weidach, Richtung Langen, nach Langen bei der Firma Landmaschinen Wohllaib links nach Sulzberg hinauf. Öffentliche Parkplätze in Sulzberg an der Kirche.

Bus/Bahn: Linie 28, Hst. Sulzberg Dorfplatz.

Ausgangspunkt/P: Öffentlicher Parkplatz in Sulzberg an der Kirche.

Infos/Gaststätten: *Schöne Gaststätten im Dorf. *Grenzerpfad /www.sulzberg-bregenzerwald.com/sommer/sport-freizeit/wandern/grenzerpfad/.

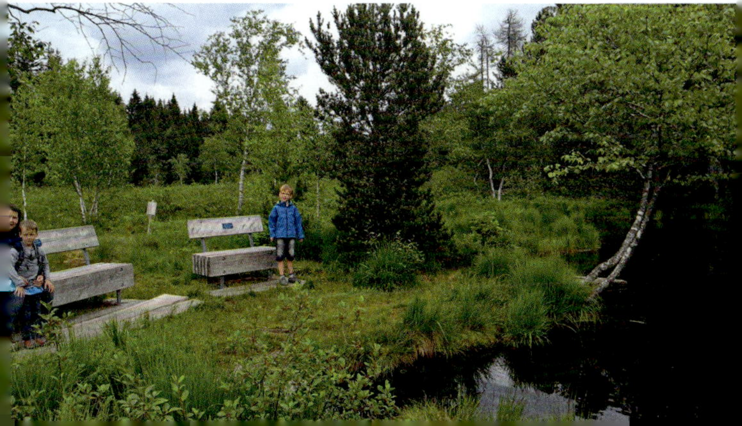

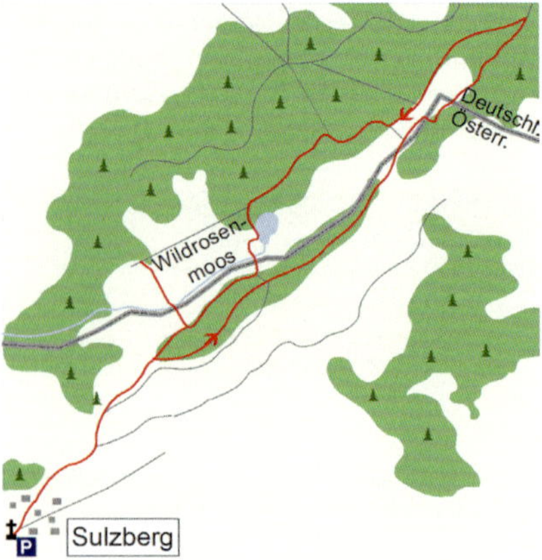

Wegbeschreibung:
Vom Parkplatz aus, mit der Kirche im Rücken, am Gasthof Alpenblick vorbei in Richtung Oberreute (nächstes Dorf in Deutschland) laufen. Dann rechts den leichten Anstieg hinauf, vorbei an der Pension Bilgeri. Nach ca. 20 Min. ab dem Ausgangspunkt gabelt sich der Weg. Wir gehen links geht's zum Grenzerpfad. Ab dem „Grenzerpfad" weist der „Schmuggelpeter" durch den Rundweg. Wunderschön gelegen sind das Wildrosenmoos und der Hochmoorweiher von Sulzberg. Danach gleicher Rück- wie Hinweg.

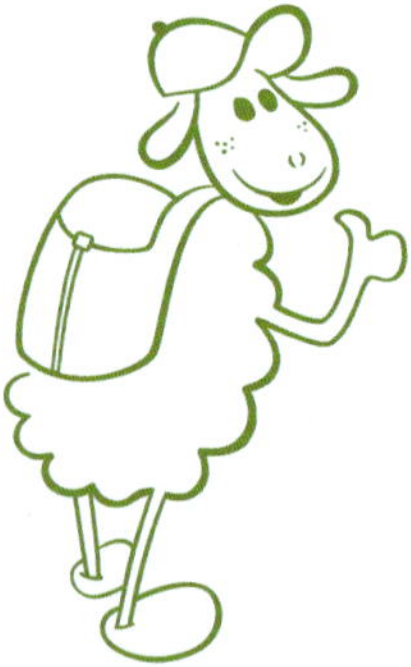

Aus der Wandertrickkiste:
Kleine bunte Zetterl am Weg auslegen. Zum Schluss gibt's eine Belohnung für die erfolgreiche Suche.

7 Rossbad

Langenegg: spannende Stationen am Lausbubenweg

cm

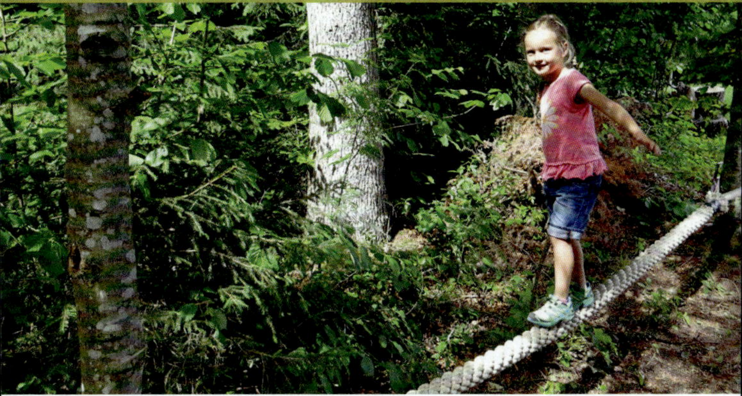

Den Rossbadweg gibt es praktisch seit ewigen Zeiten. In den letzten Jahren sind sukzessive entlang des Weges nette Stationen für Kinder dazugekommen. Beworben wird er seit Kurzem auch als Lausbubenweg und wir würden auch die Lausschmelga und Lausmotla :-) dazufügen. Es gibt eine Sonnenuhr, bei der der eigene Körper als Zeiger fungiert, eine Barfuß-Spirale aus Naturmaterialien, ein Sagen-Portal sowie Balancierübungen, eine Slackline, Tannenzapfen zum Werfen und verschiedene Wasserspiele. Der Weg ist für fast jedes Wetter geeignet.

Wetter: Anforderung: Gesamtdauer: 1 ½ h

Anforderung:	Mittel; 140 Hm; Wanderwege, Schotterstraße.
Dauer:	RW: 1 ½ h; 3,5 km.
Wetter:	Jedes Wetter.

Kindergartenkinder:	Gut geeignet, abwechslungsreiche Wurzelwege, viele Stationen. Schöner Spielplatz hinter dem Kindergarten.
Volksschulkinder:	Siehe oben.
Ab 10 Jahren:	Siehe oben.

Navi: 6941 Langenegg, Bach 127.

Anfahrt: A14, Abfahrt Dornbirn Nord, L200 bis Alberschwende, Müselbach, Lingenau, Langenegg, Gemeindeamt.

Bus/Bahn: Linie 29, Hst. Langenegg, Gemeindeamt.

Ausgangspunkt/P: Gemeindeamt Langenegg.

Infos/Gaststätten: *Gaststätten im Dorf.

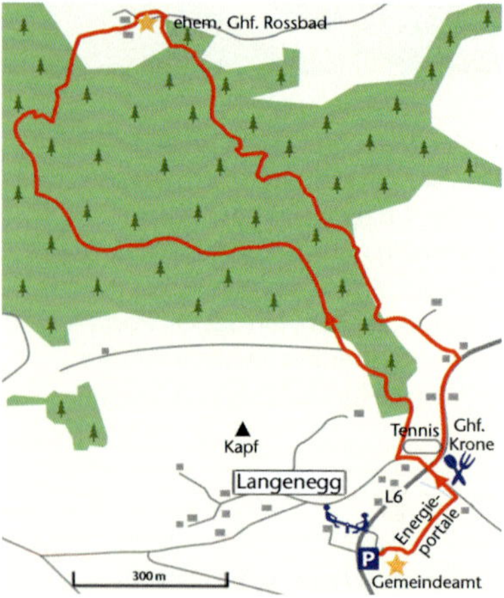

Wegbeschreibung: Vom Gemeindeamt geht´s durch die roten Portale zur Sonnenuhr und durchs Wind- und Wasserportal. Nach Überquerung der Landesstraße den Weg direkt neben dem Tennisplatz in Richtung Naturschutzgebiet Nord nehmen. Dabei geht es an den Energieportalen „Sagenhaftes“ und „Ruhe“ vorbei. Über viele Stufen führt der Wanderweg zum ehemaligen Kurhotel Rossbad in Krumbach. Von dort den Weg rechts beim Kneippbecken wieder in den Wald hinein und zurück nach Langenegg nehmen. An der Hauptstraße rechts und auf dem bekannten Wanderweg wieder zurück zum Ausgangspunkt. Als Belohnung winkt noch ein schöner Spielplatz hinter dem Kindergarten beim Startpunkt.

8 Alberschwender Wasserfälle (719 m)

Alberschwende: lässt die Zeit vergessen

cm

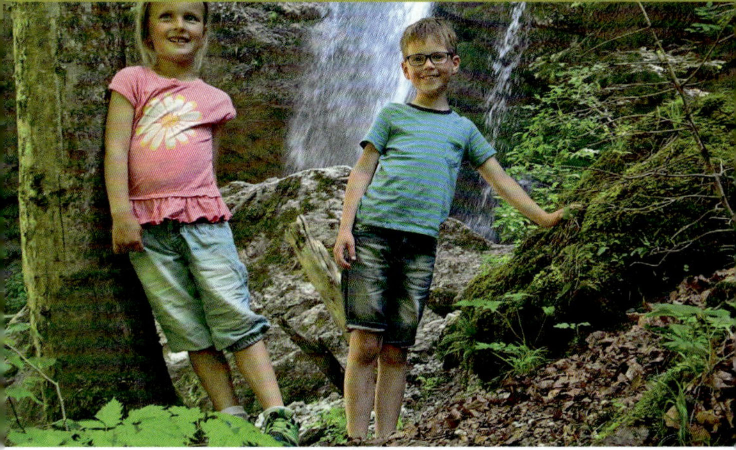

Obwohl die Strecke lange ist, ist die Wegführung über Wiesen und kurze Waldabschnitte abwechslungsreich und damit kurzweilig. Am Ende lockt ein Naturschauspiel, der schöne und beeindruckende Alberschwender Wasserfall. Er ist relativ unbekannt und daher noch eher ein Geheimtipp und eine nette Alternative an heißen Badetagen, da es im Tobel schön kühl ist. In diesem Fall jedoch vor der Mittagszeit starten, da der Weg dorthin großteils in der Sonne liegt.

Wetter: Anforderung: Gesamtdauer: 3 h

Anforderung:	Schwierig, da in der Nähe des Wasserfalls abschüssige und steile Stellen; 252 Hm; vorwiegend schmale Wanderwege.
Dauer:	Eine Strecke: 1 ½ h; insgesamt 7,3 km.
Wetter:	Schönes Wetter.

Kindergarten-kinder:	Die Strecke ist lang und kurz vor dem Wasserfall auch steil und abschüssig, daher nur für trittsichere, ausdauernde Kinder geeignet. Plantschmöglichkeiten im Bach.
Volksschulkinder:	Siehe oben.
Ab 10 Jahren:	Sehr gut geeignet.

Navi: 6861 Alberschwende, Hof 3.

Anfahrt: A14, Abfahrt Dornbirn Nord, L200 bis Alberschwende.

Bus/Bahn: Linie 40, 35, 37, Hst. Alberschwende, Dorfplatz.

Ausgangspunkt/P: Alberschwender Dorfplatz.

Infos/Gaststätten: *Gaststätten im Dorf.

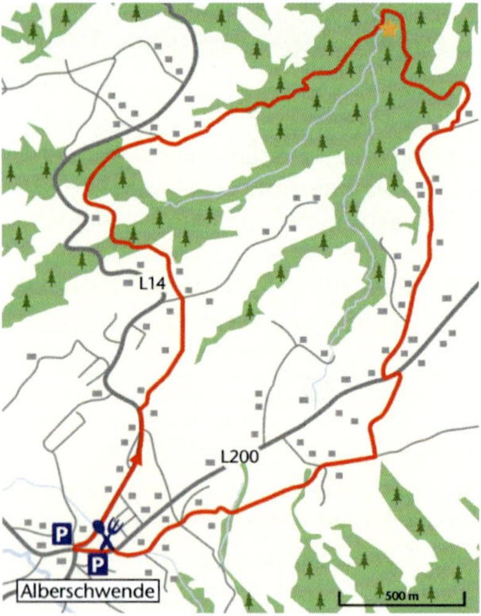

Wegbeschreibung:
Direkt bei der Kirche dem Wegweiser zur Parzelle Brugg in Richtung der Alten Fischbachstraße folgen. An den Sportplätzen vorbei, immer den Schildern folgend durch die Parzelle Moos zum Ortsteil Fischbach/Urdrehen. Nun beginnt der eigentliche Wasserfallweg, der zuerst eben und später abwärts über Magerwiesen führt. Nach ca. einer Stunde Gehzeit gelangt man in den Wald und steil hinunter in's Fallbachtobel. Auf einem

mit Drahtseilen gesicherten Steig geht's zum Wasserfall hinunter. Dort ist die tiefste Stelle erreicht! Für den Rückweg gibt es zwei Möglichkeiten: Wir empfehlen den gleichen Rück- wie Hinweg, weil wir den Weg schöner finden. Die zweite Variante wäre: beim Wasserfall über die neu errichtete Brücke und aufwärts zur Parzelle Weitloch. Leider muss man hier nun auf der asphaltierten Straße weitergehen Richtung Dressler Schilift und dann auf dem Schießstandweg zurück zum Ausgangspunkt.

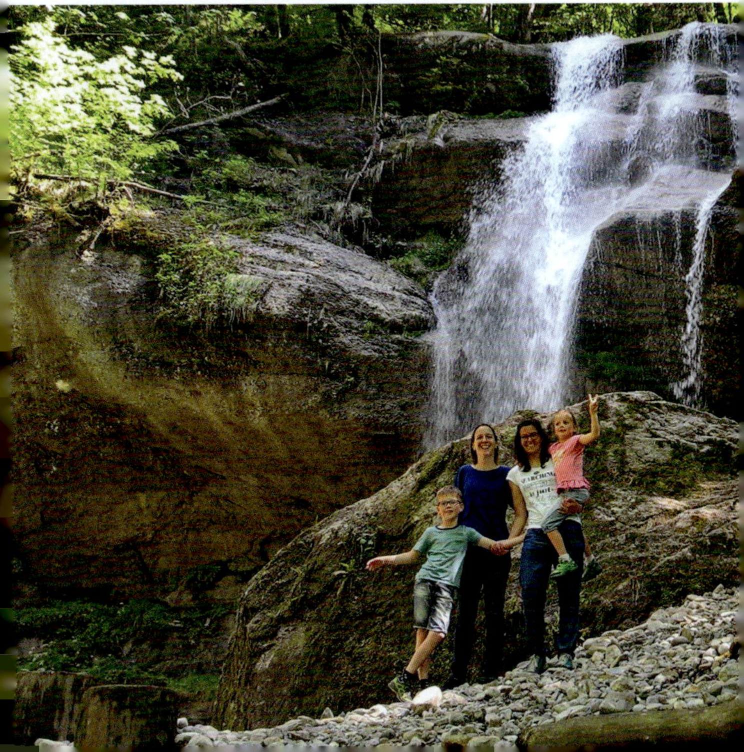

9 Fohramoos (1464 m)

Dornbirn: Naherholungsgebiet in schöner Moorlandschaft

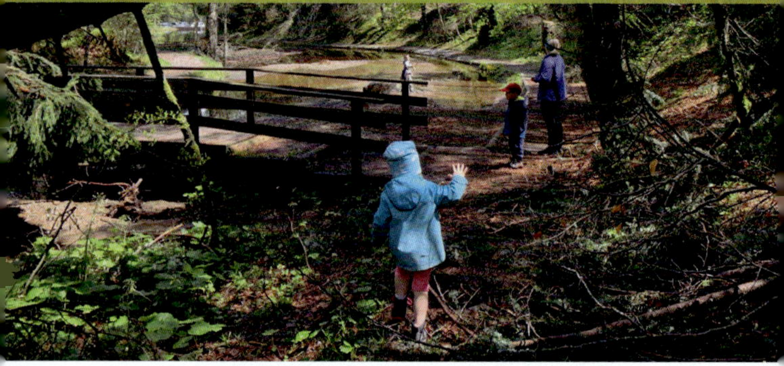

Am Hausberg der Dornbirner, dem Bödele, befindet sich das beliebte, geschützte Fohramoos. Hier zahlt sich auch eine weite Anreise aus, weil dieses Hoch- und Niedermoor eine Besonderheit im Alpenraum ist. Auf 55 Hektar bietet es vielen Pflanzen und Tieren einen wertvollen Lebensraum. Der Moorboden, die Holzstege und verwurzelten Wege sind für Kinder recht interessant zu gehen. Zu Beginn und am Ende lädt der schöne Moorsee zum Verweilen oder Umrunden ein.

Wetter: Anforderung: Gesamtdauer: 1 ½ h

Anforderung: Leicht; 70 Hm; mäßige Steigungen; gut gepflegte Wanderwege.

Dauer: RW: 1 ½ h; 3,5 km.

Wetter: Schönes Wanderwetter. Nach und bei Regenfällen sind Teilstrecken durch das Moor sehr feucht und nass. Unseren Kindern hat das zwar gefallen, ihre Turnschuhe waren jedoch bis zu den Socken durchnässt. In diesem Fall ist gutes Schuhwerk besser.

Kindergarten-kinder:	Aufgrund der Kürze gut geeignet. Das teilweise sehr sumpfige Moor fühlte sich manchmal wie ein Untergrund aus „Pudding“ an. Es gibt immer wieder kleine Wasserläufe, die den Weg kreuzen.
Volksschulkinder:	Siehe oben.
Ab 10 Jahren:	Nette Wanderung für zwischendurch, die auch verlängert werden kann.

Navi: 6850 Dornbirn, Bödele.

Anfahrt: A14, Ausfahrt Dornbirn Süd, Richtung Stadtmitte fahren, danach der Beschilderung „Bödele“ folgen. Am Pass gleich links ist der gebührenpflichtige Parkplatz (gegenüber Berghof Fetz). Richtpreis für Parkplatz: 50 Cent pro angefangene 30 min, max. 6 Euro.

Bus/Bahn: Linie 38, Hst. Bödele.

Ausgangspunkt/P: Parkplatz gegenüber Berghof Fetz.

Infos/Gaststätten: *Berghof Fetz, +43 5572 77400, www.berghoffetz.at, Ruhetag Mo. *Bödele Alpenhotel, +43 660 444 7777, www.boedele.at, Ruhetag Sa.

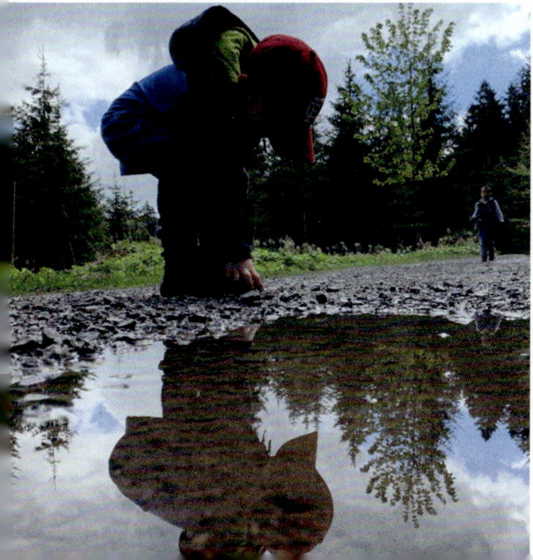

Wegbeschreibung: Vom Ausgangspunkt wird die Straße überquert und beim Wegweiser beim Berghof Fetz führt ein kleiner Weg Richtung Fohramoos. An der Kapelle vorbei geht's zum Moorsee. Dort rechts halten und dem Wegweiser wieder nach Fohramoos

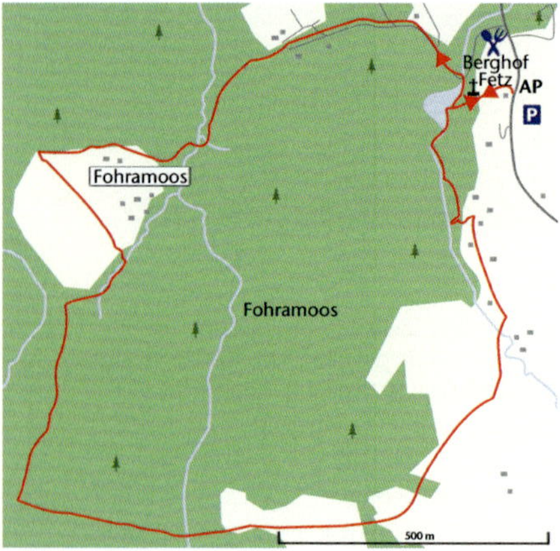

folgen. Der Schotterweg führt durch den teils sehr vermoosten Wald zu einigen Ferienhäusern. Beim Wegweiser „Schanz" den rot/weißen Markierungen nach Fohramoos folgen. Nun wird der breite Schotterweg zu einem Wurzelweg, der hinter den Ferienhäusern vorbeiführt. Nach den Häusern steht mitten im Moor ein rot/weißer Pfosten, zu diesem laufen und dann links halten. Hier kann der Weg teils feucht und nass sein und daher ist gutes Schuhwerk von Vorteil. Nach dem Moor geht der Weg auf Holzstegen durch den schönen Moorwald und dann wieder auf Wurzelwegen weiter. An der nächsten Kreuzung dem Schotterweg Richtung Oberlose/Bödele folgen. In diesem Abschnitt ist im Sommer meist Weidevieh auf den Wiesen. Nach dem Schilift auf dem Trampelpfad links hinab, weiter über den Bach und links zwischen den Häusern wieder zurück zum Bödele. Kurz nach der Kreuzung, wo der Weg rechts hinunter geht, führt ein kleiner Trampelpfad links hinunter über einen Bach wieder zurück zum Moorsee. Beim Moorsee geht rechts wieder der Weg zur Kapelle bzw. zum Berghof Fetz und zurück zum Parkplatz.

10 Hochhäderich (1565 m)

Hittisau: Gipfel mit wunderschöner Aussicht

cm

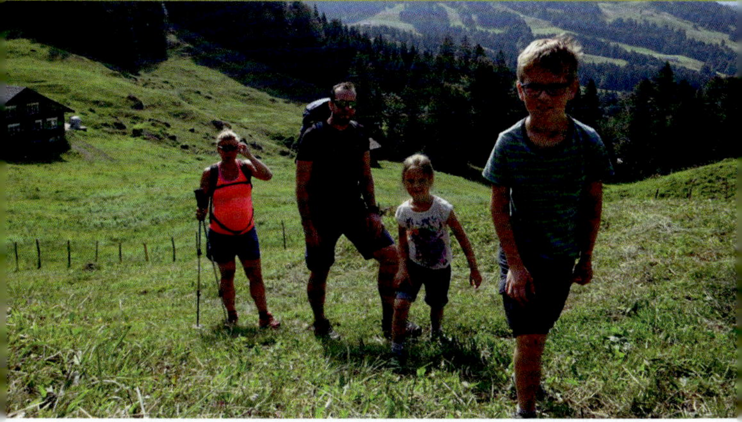

Schöne Wanderung auf den Gipfel des Hochhäderich mit wunderbarer Aussicht ins Allgäu und in den Bregenzerwald. Auf dem teils recht steilen Weg kommt man an großen Felsbrocken vorbei, die aus Nagelfluhgestein (Herrgottsbeton) bestehen und hier in sehr schöner Ausprägung zu sehen sind. Die idyllischen Alpen Streichbrunnen und Lochalpe mit ihren vielen Kühen sehen fast kitschig aus. Das gesamte Gebiet gehört zum Naturpark Nagelfluhkette und über den Gipfel verläuft die Grenze zwischen Österreich und Deutschland.

Wetter: Anforderung: Gesamtdauer: 3 h

Anforderung: Mittel bis schwierig für Kinder aufgrund der Höhenmeter und der Länge, weniger wegen der technischen Herausforderung, der Weg ist nicht ausgesetzt, die Wegbeschaffenheit kann man als mittel einstufen; 670 Hm.

Dauer:	Eine Strecke: 1 ½ h; 3,8 km.
Wetter:	Schönes Bergwetter aufgrund der Höhe. Achtung: wenig Schatten, daher im Sommer früh starten.

Kindergarten-kinder:	Nicht geeignet bzw. nur für Kinder, die sich über mehrere Bergtouren hinweg schon eine gute Kondition und Beinmuskulatur aufgebaut haben und zudem außerordentlich gehfreudig sind.
Volksschulkinder:	Nur für gute Läuferinnen geeignet, siehe oben.
Ab 10 Jahren:	Sehr gut geeignet.

Navi: 6952 Hittisau/Abzw. Streichenbrunnen Güterweg (894 m).

Anfahrt: A14, Abfahrt Dornbirn Nord, L200 bis Alberschwende Müselbach, dann Richtung Hittisau, bei Hittisau weiter Richtung Riefensberg/Bolgenach – abwärts zur Bolgenachbrücke und unmittelbar nach der Brücke rechts ins Lecknertal – ca. 1,3 km. Bei Beginn des Waldes an der Straße am kleinen Parkplatz parken.

Bus/Bahn: Hst. Bolgenach Komma. Dadurch Wegverlängerung um ca. 30 Min., daher mit Kindern nicht sinnvoll.

Ausgangspunkt/P: Leckenholz, Hittisau.

Infos/Gaststätten: *Berggasthaus Hochhäderich, nur im Sommer und Herbst geöffnet, Tel. +43 664 9222410, www.hochhaederich.info, Ruhetag Mi.

Wegbeschreibung: Beim Beginn des Waldes befindet sich links ein breiter Traktorweg und ein Wanderschild, das Richtung „Streichbrunnenalpe" führt. Der Weg führt stetig bergan und nach ca. 20 Minuten ist die Streichbrunnenalpe erreicht. Etwa 10 Minuten später führt der Weg an der Lochalpe vorbei (beide Alpen sind nicht bewirtschaftet). Danach wird's ein schmaler Fußweg, der nun stärker ansteigend zum Berggrat hinaufführt. Oben geht's leicht ansteigend und am nun breiten Güterweg zum Berggasthof Hochhäderich hinüber. Das Gasthaus liegt sehr schön etwa 5 Minuten unterhalb des Gipfels. Vom Hochhäderich hat man einen wunderschönen Ausblick ins Allgäu und in den

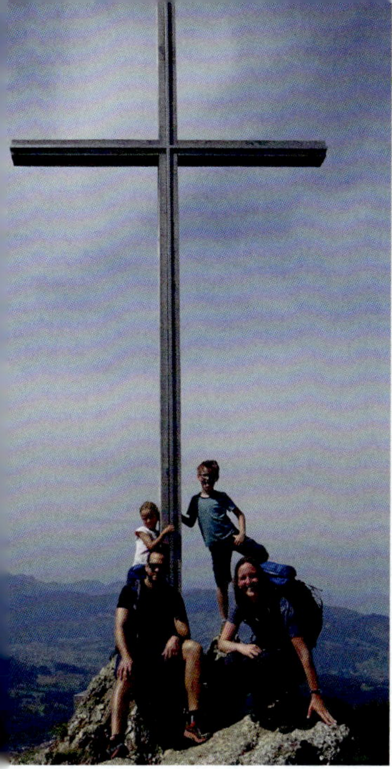

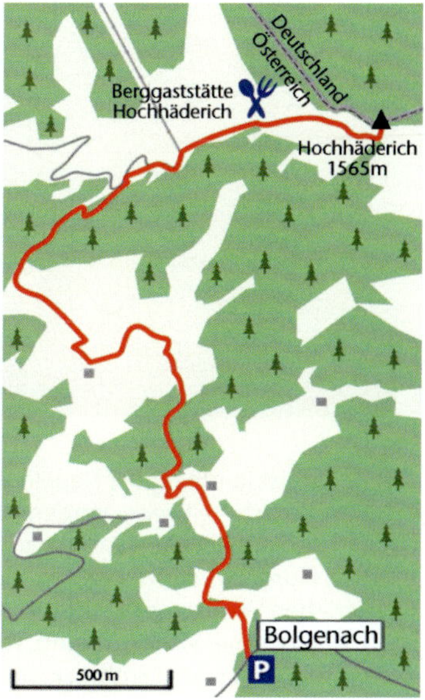

Bregenzerwald. Mit Kindern empfehlen wir den gleichen Rück- wie Hinweg. Mit Jugendlichen oder größeren Kindern könnte man auch den steilen Abstieg, der direkt unterhalb des Berggasthauses wegführt, wählen. In diesem Fall trifft man kurz vor der Urschlabodenalpe auf einen breiten Fahrweg, auf welchem man hinunter zur Straße ins Lecknertal gelangt. Von hier sind es noch ca. 20 Minuten zurück zum Ausgangspunkt.

11 Georunde Rindberg (1118 m)

cm

Sibratsgfäll: die Kraft der Natur erleben

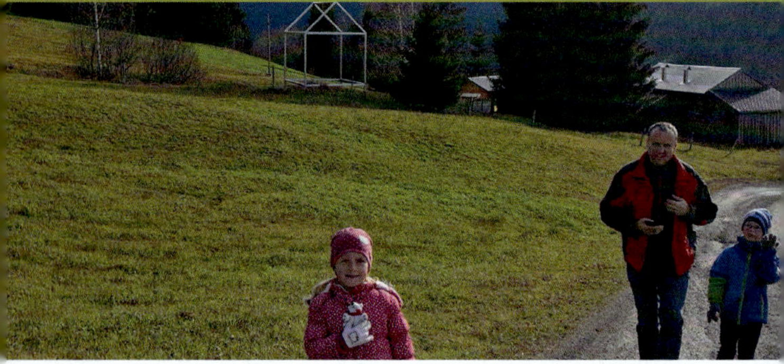

Im Gebiet Rindberg der Nagelfluhkette gab es 1999 einen großen Hangrutsch. Teilweise wurden Häuser, Alphütten und eine Kapelle um unglaubliche Distanzen nach unten geschoben, zahlreiche Straßen wurden zerstört. Das Spannende an diesem Weg ist, dass man „erleben" kann, wie die Naturgewalten wirkten. Eine Installation zeigt z.B., wo früher ein Haus stand, weiter unten, wohin es verschoben wurde. Mit einem Fernglas kann auch der „Weg" der Kapelle nachvollzogen werden. Es gibt Rastplätze mit schiefen Bänken und Tischen und die Besichtigung von „Felbers schiefem Haus" zahlt sich auf alle Fälle aus.

Wetter: Anforderung: Gesamtdauer: 1 h

Anforderung:	Leicht bis mittel; 130 Hm; Schotterstraße und Wanderwege.
Dauer:	RW: 1 h; 2,1 km.
Wetter:	Solange die Wege schneefrei sind, bei jedem Wetter möglich; kein Schatten.

Kindergarten-kinder:	Gut geeignet, man wandert von Station zu Station, das motiviert sehr.
Volksschulkinder:	Absolut empfehlenswert! In diesem Alter sind die Kräfte der Natur schon gut nachvollziehbar.
Ab 10 Jahren:	Siehe oben.

Navi: 6952 Sibratsgfäll, Rindberg 91.

Anfahrt: A14, Abfahrt Dornbirn Nord, L200 bis Alberschwende Müselbach, dann Richtung Hittisau, Sibratsgfäll, kurz nach „Felbers schiefem Haus" parken.

Bus/Bahn: Linie 41, Hst. Sibratsgfäll, Kirche, dann von der Kirche Richtung Rindberg zum Ausgangspunkt spazieren. Dadurch Wegverlängerung um ca. 10 Min.

Ausgangspunkt/P: P bei „Felbers schiefem Haus".

Infos/Gaststätten: *Gasthäuser in Sibratsgfäll. Eine Führung von „Felbers schiefem Haus" bietet das Tourismusbüro Sibratsgfäll auf Anfrage an, Tel. +43 5513 2112-13, Richtpreis € 4,-/Erwachsene, Kinder frei.

Wegbeschreibung: Der Georundweg startet beim begehbaren Vorzeigeobjekt „ Felbers schiefes Haus". Bei der Großrutschung hat sich dieses ehemalige Ferienhaus 18 Meter talwärts bewegt. Nach

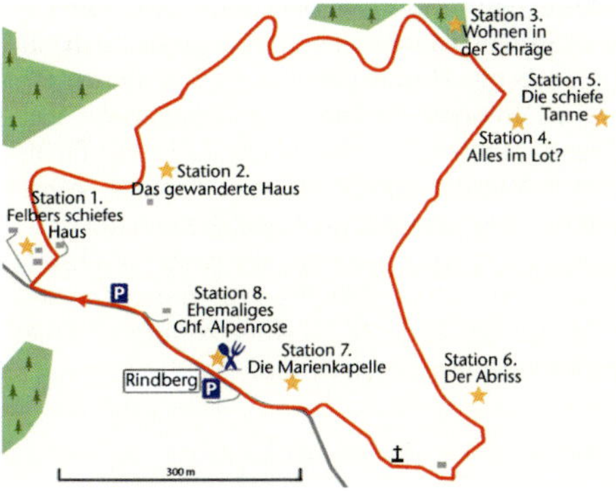

Voranmeldung kann das Haus mit der Ausstellung über die damaligen Ereignisse besichtigt werden. Der Weg führt stetig nach oben. Die verschiedenen Stationen wie „Das Gewanderte Haus" und „Die Marienkapelle" zeigen das riesige

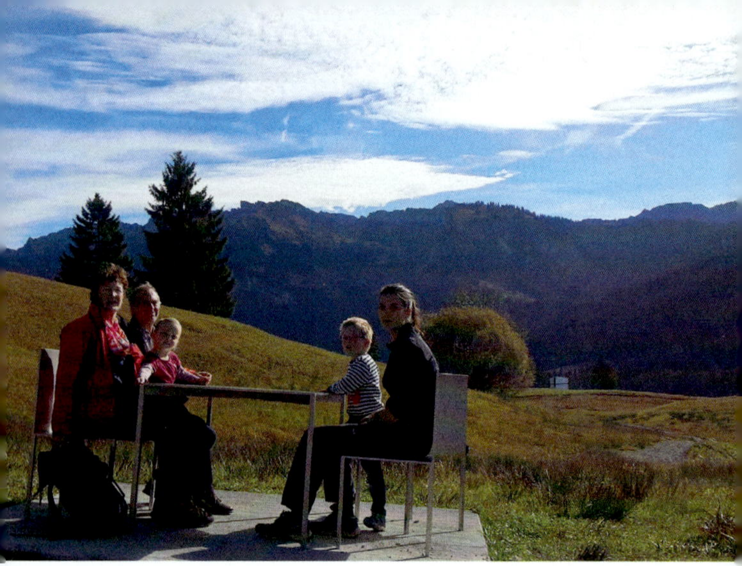

Ausmaß der Geländebewegungen auf. Wohnhäuser bewegten sich bis zu 38 Meter, die Marienkapelle um 180 Meter und Alphütten sogar bis zu 240 Meter nach unten. Bei der Station „Wohnen in der Schräge“ am höchsten Punkt der ursprünglichen Georunde lässt es sich wunderbar auf schrägen Stühlen Pause machen. Wer gerne noch eine weitere Stunde wandern möchte, könnte von hier die Erweiterung der Georunde bis zur „Bergrast Wildries“ und der „Wendelinkapelle” nehmen. Ansonsten von hier dem schmalen Wanderung Richtung Tal bis zu den nächsten Stationen „Kubus“ und „Alles im Lot“ folgen. Weiter geht's zur nächsten Station „Die schiefe Tanne“, welche sich über 200 m nach unten bewegte und nun wieder gerade weiter wachsen versucht. Nach der Station „Abriss“ führt der Weg zur neuen Kapelle, welche innerhalb von 48 Stunden abgebaut werden könnte. Von hier auf der Straße zurück zum Ausgangspunkt gehen.

12 Brühlbach-Wasserfälle (610 m)

Andelsbuch: erlebnisreiche Runde

cm

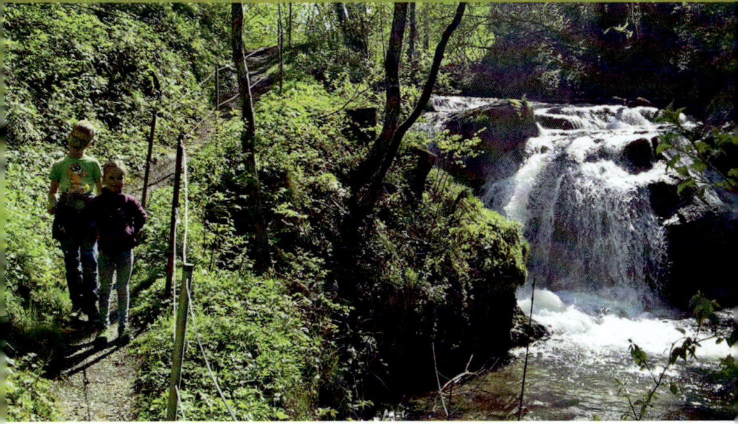

Der Weg entlang des Brühlbachs ist für Kinder wie für Erwachsene spannend und abwechslungsreich. Man wandert zuerst kurz auf einem schönen Radweg mit Brücken und wenig später geht's am Bach entlang. Ein Wasserfall folgt dem anderen. Bei niedrigem Wasserstand gibt es auch ab und zu die Möglichkeit, zum Bach hinabzusteigen und darin zu spielen.

Wetter: Anforderung: Gesamtdauer: 2 ½ h

Anforderung:	Mittel entlang der Wasserfälle, ansonsten leicht; 71 Hm; Empfehlung für gute Wanderschuhe, da entlang des Baches teilweise rutschig.
Dauer:	Kürzere Familien-Runde: 1 ¼ h; 3,2 km. Längere Runde über Feld- und Güterwege retour: 3,4 km.
Wetter:	Bei gutem Wanderwetter; im Winter bei Schnee nicht möglich.

Kindergarten-kinder:	Gut geeignet, bei abschüssigen Stellen entlang der Wasserfälle bitte an der Hand führen. Plantschmöglichkeiten gibt es je nach Wasserstand an verschiedenen Stellen am Brühlbach. Hinter der Kirche befindet sich ein netter Spielplatz.
Volksschulkinder:	Siehe oben.
Ab 10 Jahren:	Siehe oben.

Navi: 6866 Andelsbuch, Hof 351.

Anfahrt: A14, Abfahrt Dornbirn Nord, L200 bis Andelsbuch Kirche.

Bus/Bahn: Linie 40 und Linie 37, Hst. Andelsbuch, Gemeindeamt.

Ausgangspunkt/P: Kirche Andelsbuch.

Infos/Gaststätten: *Gasthäuser in Andelsbuch (Ausgangspunkt).

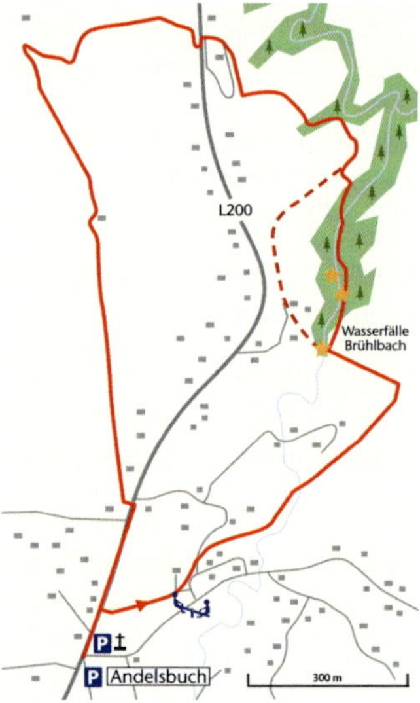

Wegbeschreibung: Von der Kirche dem Radweg Richtung Egg bis zur Parzelle Heidegg folgen. Nach dem zweiten Viadukt (ehemalige Brücke der Wälderbahn) Acht geben auf die Abzweigung mit dem violetten Schild „Familien-Runde“. Es geht unter der Brücke einen Feldweg hinein und dann am Bach und den Wasserfällen entlang. Danach kann man entweder den kürzeren Weg wählen, der zum Bauernhof hinaufführt und in einer kleinen Runde dann wieder zurück zur Brücke über den Brühlbach. Die „Familien-Runde“ führt dann wieder am bekannten Weg zurück. Wer nicht den gleichen Rück- wie Hinweg gehen möchte, kann über einen etwas längeren Feld- und Güterweg zurückgehen. Da dieser Weg über offenes Gelände führt, sollte das Wetter nicht zu heiß sein. Dazu bei der Gabelung nach rechts Richtung Baugeschäft „Oberhauser/Schedler" abzweigen, am Gebäude vorbei und die Hauptstraße queren. Direkt gegenüber geht's am Feldweg weiter. Auf der Anhöhe angelangt links zurück zur Kirche und zum Ausgangspunkt.

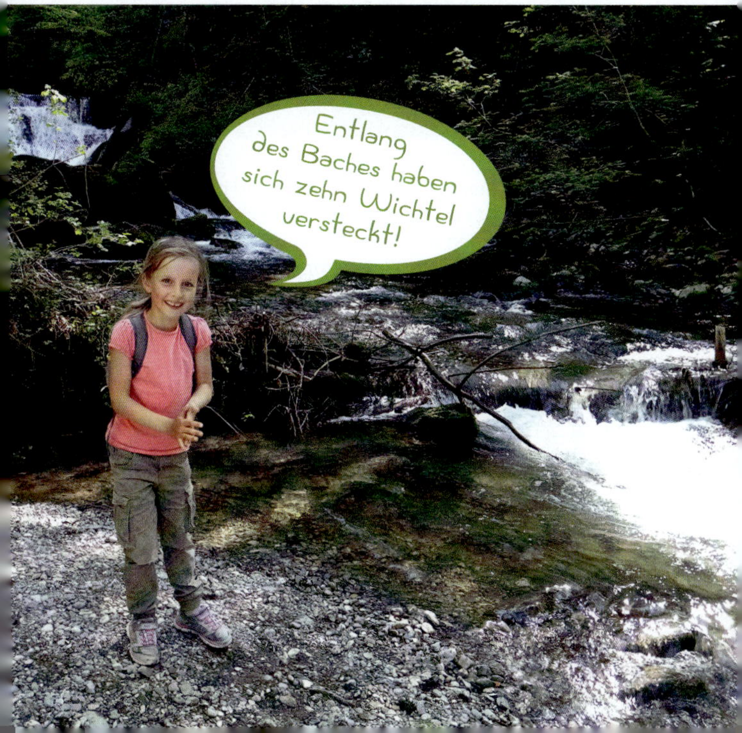

13 Höhlenpark Bezau (780 m)

Bezau: interessanter Naturlehrweg - märchenhafte Steine

cm

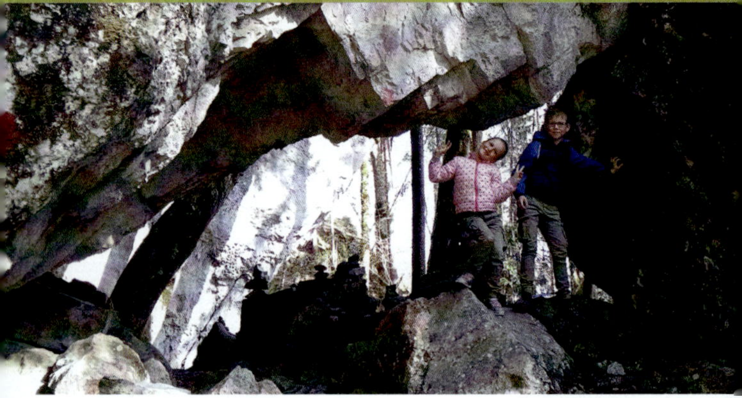

Der Weg zwischen den großen Felsbrocken und mit Farnen umwachsenen Bäumen mutet ein bisschen wie in einem Urwald an. Dieser naturbelassene Lehrweg ist fast ein Geheimtipp und auch bei trübem Wetter gut begehbar. Ein kleiner Pavillon lädt bei einem Aussichtspunkt zu einer Rast ein. 45 interessant gestaltete Informationstafeln geben einen Überblick über die Geologie und Pflanzenwelt in diesem einzigartigen Gebiet. Ein bisschen wie im Märchen, durch die Farne, Moose, Höhlen und unberührte Natur.

Wetter: Anforderung: Gesamtdauer: 1 h

Anforderung: Mittel; Aufstieg 145 Hm; schmale, verwurzelte Waldwege.

Dauer: RW: 1 h; 1,9 km.

Wetter: Bei fast jedem Wetter, nicht jedoch bei Schneelage möglich; gutes Schuhwerk, da es nach Regenfällen rutschig sein kann.

Kindergarten-kinder:	Geeignet, der Waldweg ist recht spannend zu gehen.
Volksschulkinder:	Sehr gut geeignet, den Kindern macht es viel Spaß, zwischen den Felsen hindurchzuschlüpfen, es gibt Möglichkeiten zum Kraxeln.
Ab 10 Jahren:	Siehe oben.

Navi: 6870 Bezau, Gemeindeamt, Platz 357.

Anfahrt: A14, Abfahrt Dornbirn Nord, L200 bis Bezau.

Bus/Bahn: Linie 40, 35, 37, Hst. Bezau, Gemeindeamt Bezau.

Ausgangspunkt/P: P Gemeindeamt Bezau.

Infos/Gaststätten: *Gaststätten im Ort.

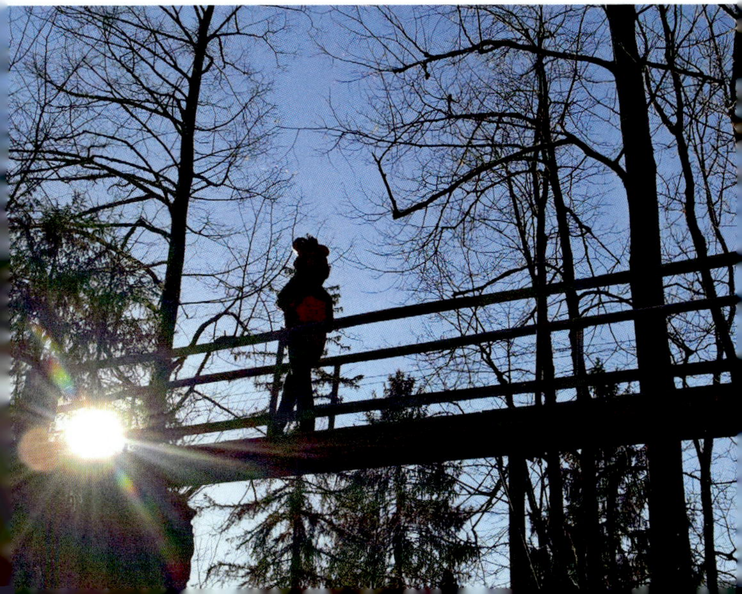

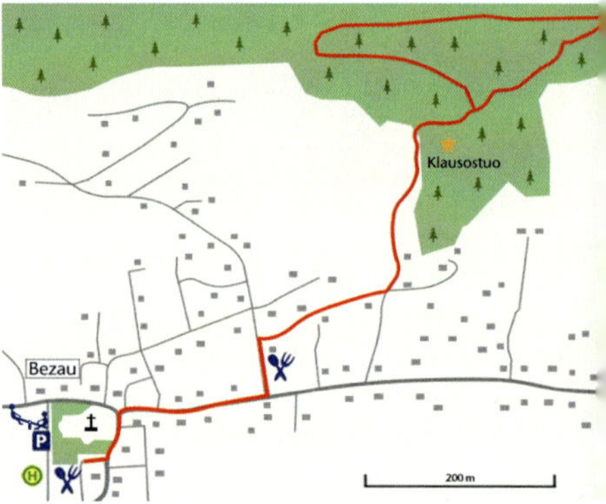

Wegbeschreibung: Vom Gemeindeamt an der Kirche sowie am Hotel Gams vorbei Richtung Gasthaus Sonne gehen. Kurz davor links abzweigen. Nach der ehemaligen Sennerei Kriechere führt ein schmaler Fußweg rechts entlang des Dorfbaches Richtung Oberbezau. Dort, wo der Fußweg wieder in eine breite Straße mündet, links hinauf zur großen Übersichtstafel. Ab nun ist der Weg gut beschildert und führt in den Wald hinauf in den Höhlenpark.

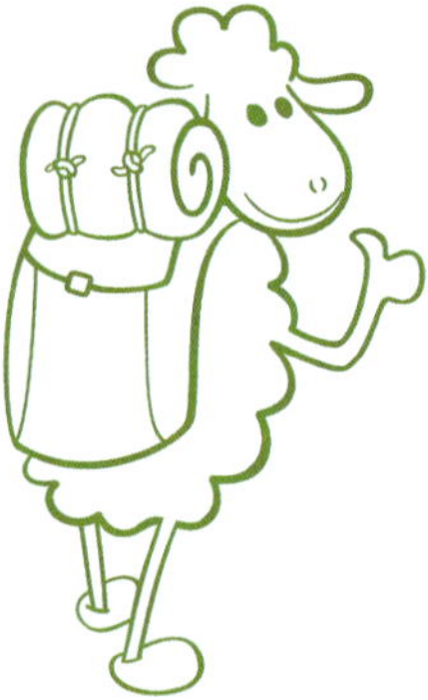

Aus der Wandertrickkiste: Kleine Honig-Gummibärchen auf der Wegstrecke verstecken - die hat natürlich die Wanderfee für die kleinen Füße versteckt ;-)

14 Alpe Wildmoos (1592 m)

Bezau: gemütliche Alpwanderung mit schönen Ausblicken cm

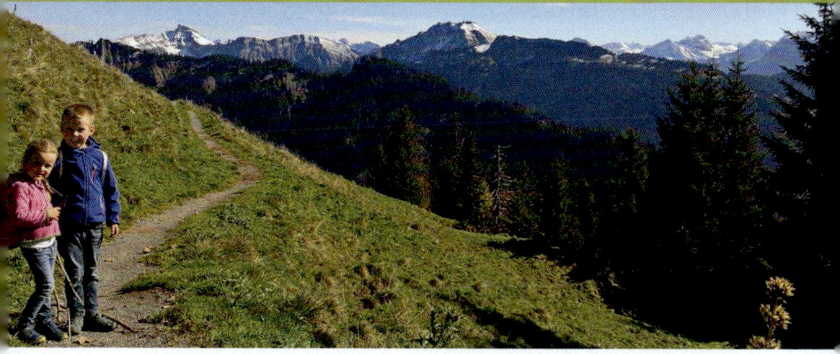

Bei dieser Wanderung ist die Aussicht von Beginn bis zum Ende wunderschön. Durch die Gondelfahrt geht's auch ohne viel Anstrengung hinauf, was besonders bei Kindern punktet. Oben reicht das Panorama vom Bodensee über die Bregenzerwälder bis zu den Allgäuer und Schweizer Bergen. Der Weg selbst ist gemütlich und führt größtenteils mäßig steil abwärts über Almwiesen, im Prinzip von der Bergstation bis zur Mittelstation der Bahn, wo sich die Vorsäßsiedlung Sonderdach befindet.

Wetter: Anforderung: Gesamtdauer: 4 h

Anforderung:	Mittel; Aufstieg 36 Hm; Abstieg 420 Hm; Wanderwege und Schotterstraße.
Dauer:	Eine Strecke: 2 h; 5,1 km.
Wetter:	Schönes Bergwetter.

Kindergartenkinder:	Geeignet, es gibt bei den zwei Wildmoosalpen jeweils einen kleinen Spielplatz und bei der Vorsäßsiedlung Sonderdach noch einen weiteren.
Volksschulkinder:	Siehe oben.
Ab 10 Jahren:	Siehe oben.

Navi: 6870 Bezau, Obere 394.

Anfahrt: A14, Abfahrt Dornbirn Nord, L200 bis Bezau.

Bus/Bahn: Linie 34, Hst. Bezau, Seilbahn Bezau.

Ausgangspunkt/P: Bergstation der Seilbahn, Parkmöglichkeit: Parkplatz Seilbahn Bezau.

Infos/Gaststätten: *Alpe Kassa Wildmoos und in geringer Distanz dazu: *Alpe Greußings Wildmoos, beide haben einen kleinen Spielplatz und gute, selbstgemachte Milchprodukte, Kuchen und Säfte. *Seilbahn Bezau: Ticket für Bergfahrt und Talfahrt ab Mittelstation Sonderdach lösen, www.seilbahn-bezau.at; tgl. Fahrbetrieb bis Anfang Nov., 30-Minuten-Takt, letzte Talfahrt 17 h, Richtpreis Erw. für 3 Sektionen € 15.

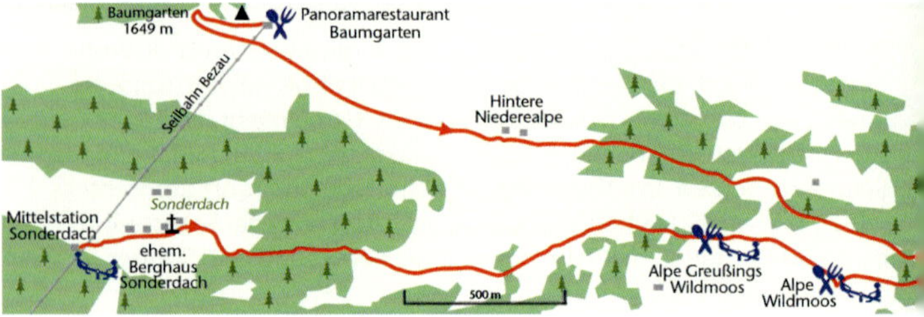

Wegbeschreibung: Unter der Gondel den breiten Schotterweg ca. 100 m bis zur VKW-Hütte (Stadel mit Antennen) nehmen, dort links auf den schmalen Wanderweg abzweigen. Es geht an der „Hinteren Niederealpe" vorbei. Hier können im Sommer Kühe, Schweine etc. beobachtet werden, es gibt jedoch keine Einkehrmöglichkeit. Bei der nächsten Abzweigung rechts Richtung Wildmoosalpen halten. Diese Alpen sind im Sommer bewirtschaftet und werden liebevoll geführt, es gibt hausgemachte Alpspezialitäten. Dann dem Weg einfach weiter bis zur Mittelstation Sonderdach folgen und von hier die Bahn ins Tal nehmen. An der Mittelstation gibt es noch einen schönen Spielplatz – hier kann man die Wartezeit auf die Bahn verkürzen.

15 Wetzsteinhöhle (726 m)

Bizau: Damwild ganz nahe

cm

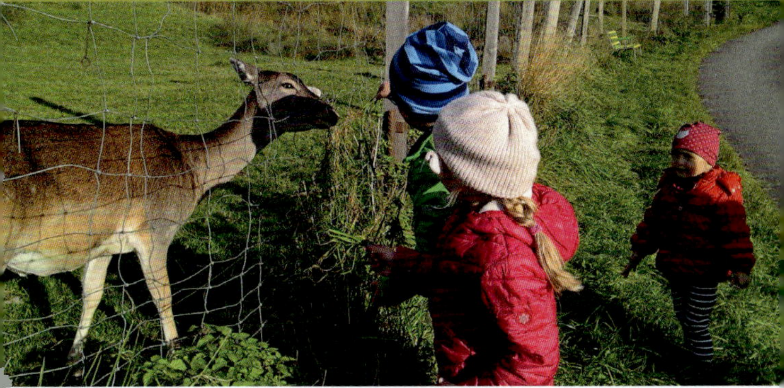

Der gemütliche Spaziergang durch Bizau ist zwar nicht spektakulär, als Nahziel gibt es jedoch für Kinder einiges zu entdecken: Der Weg führt direkt an einem Damwildgehege (hier dürfen die Tiere mit Brot gefüttert werden), einer imposanten Höhle und kleinen Bächlein, die zum Spielen einladen, vorbei. Außerdem hat man einen traumhaften Blick auf die Kanisfluh.

Wetter: Anforderung: Gesamtdauer: 1 ½ h

Anforderung: Leicht; 84 Hm; Asphalt- und Güterwege, zur Höhle schmale, verwurzelte Waldwege.

Dauer: RW: 1 ½ h; 5,2 km.

Wetter: Bei jedem Wanderwetter, gutes Schuhwerk, da es nach Regenfällen rutschig sein kann.

Kindergarten-kinder:	Geeignet, die Fütterung des Damwilds ist für die meisten Kinder eine Attraktion, am besten etwas Brot mitnehmen oder ein bisschen Gras füttern. Die Höhle kann leider nicht betreten werden, sie ist aber auch von außen erkundet sehr interessant.
Volksschulkinder:	Siehe oben.
Ab 10 Jahren:	Siehe oben.

Navi: 6874 Bizau, Kirchdorf 77.

Anfahrt: A14, Abfahrt Dornbirn Nord, L200 bis Bezau, dann L28 bis Bizau.

Bus/Bahn: Hst. Bizau-Dorfzentrum bzw. Heimfahrt Bizau Gemeindeamt, Linie 36.

Ausgangspunkt/P: Ausgangspunkt ist die Ortsmitte von Bizau, Parkmöglichkeiten gibt es bei der Kirche oder bei der Sportanlage Bizau.

Infos/Gaststätten: *Mehrere Gaststätten im Ort.

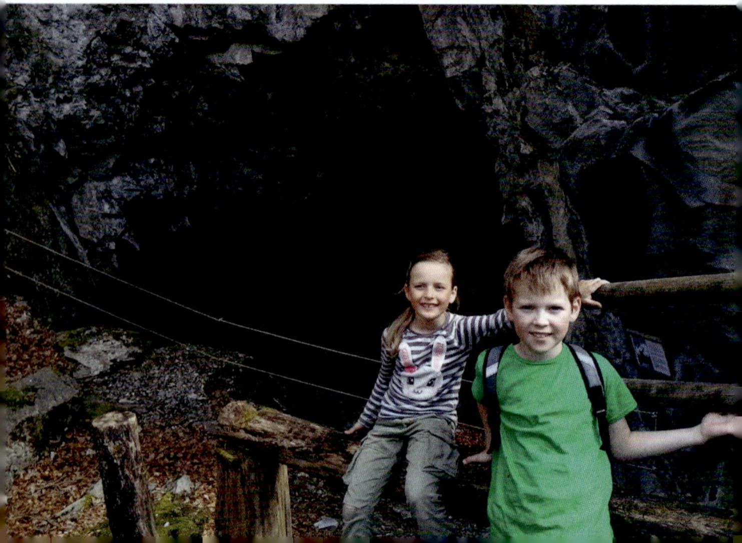

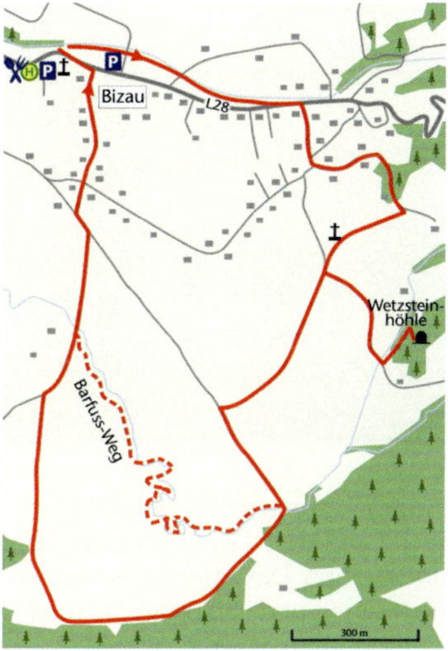

Wegbeschreibung: Hinter der Kirche die Hauptstraße queren und dem Bizauer Bach entlang Richtung Oberdorf gehen. Auf Höhe der Bushaltestelle Oberdorf wieder die Straße queren und auf der Gemeindestraße bis zur nächsten Abzweigung laufen. Am Ende der Straße nach links Richtung Winkel und Parzelle Brandegg halten (entgegen dem Wegweiser „Rund ums Moos", der zum Damwildgehege führt). Hier darf das Wild mit Brot gefüttert werden. Anschließend geht's querfeldein zur Bildbühel-Kapelle, von dort den Weg hinunter bis zur Straße und dann gleich wieder den linken Güterweg Richtung Wetzsteinhöhle nehmen. Den kleinen Bach queren und links den Wanderweg in den Wald hinein gehen. Bitte die kleinen gelb-weißen Wandermarkierungen beachten, welche leicht zu übersehen sind. Leider ist der Zugang zur Höhle wegen Steinschlaggefahr gesperrt, jedoch kann man von zwei Seiten hineinschauen. Dies ist sehr imposant. Danach führt der Weg bis zum Hauptwegweiser. Von hier entweder direkt zur Ortsmitte oder über den schönen Barfuß-Weg bzw. den Moosrundweg zurück zur Kirche gehen.

16 Rosenburg Schnepfegg (874 m)

Schnepfau: interessanter Waldweg

cm

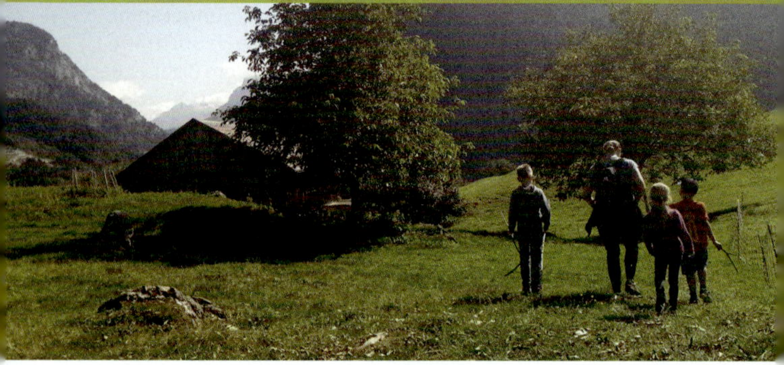

Der Weg führt bis auf ein paar Lichtungen durch den Wald und ist daher auch für heiße Sommertage gut geeignet. Der Blick auf die gegenüberliegende Kanisfluh ist wunderschön. Die Wurzelwege muten fast wie in einem Märchenwald mit Moosen und Farnen an. Dadurch und aufgrund der Kürze ist das ein bei Kindern beliebter Weg. Auf einer Lichtung mit großen Steinen befindet sich eine Kapelle mit Rastbänken, dazwischen grasen die Schafe – einfach nett.

Wetter: Anforderung: Gesamtdauer: 1 h

Anforderung:	Leicht; 50 Hm; verwurzelte Waldwege.
Dauer:	Eine Strecke: ½ h; 1,7 km.
Wetter:	Bei jedem Wanderwetter.

Kindergartenkinder:	Geeignet, der Waldweg ist spannend zu gehen.
Volksschulkinder:	Sehr gut geeignet, den Kindern macht es meist Spaß, zwischen den Bäumen zu rennen.
Ab 10 Jahren:	Siehe oben.

Navi: 6882 Schnepfau, Schnepfegg 54.

Anfahrt: A14, Abfahrt Dornbirn Nord, L200 bis Schnepfau, dann links bis zum Berghaus Kanisfluh oder dem Alpenvereinshaus auf der Schnepfegg.

Bus/Bahn: -

Ausgangspunkt/P: P Berghaus Kanisfluh oder beim Alpenvereinshaus auf der Schnepfegg.

Infos/Gaststätten: *Berghaus Kanisfluh, gute Küche und sehr gute Eisbecher, Tel. +43 5518 2108, www.kanisfluh.net, Ruhetage Mo, Di.

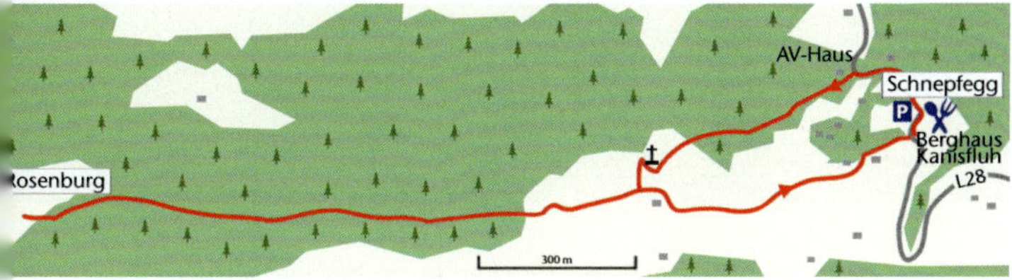

Wegbeschreibung: Vom Berghaus Kanisfluh kurz der Asphaltstraße hinauf bis zum Alpenvereinshaus folgen. Direkt vor dem Alpenvereinshaus links den Wanderweg in den Wald hinein nehmen. Nach 10 Minuten kommt man zu einer Lichtung mit der Wendelinskapelle mit Bänken zum Rasten. Hier geht es geradeaus weiter an der Kapelle vorbei über Wiesen mit vielen großen Steinbrocken, hier sind meistens Schafe anzutreffen. Dann geht der Weg wieder in den schönen Märchenwald Richtung Rosenburg hinein. Bei der nächsten Lichtung befindet sich eine nicht bewirtschaftete Hütte. Wir empfehlen, dies als Ziel zu nehmen und hier umzudrehen. Bis zur Wendelinskapelle geht's am gleichen Weg zurück. Von dort aber den rechten Weg zurück zum Berghaus Kanisfluh wählen.

17 Kanisfluh (2044 m)

Au: traumhafte Aussicht vom Wahrzeichen des Bregenzerwaldes cm

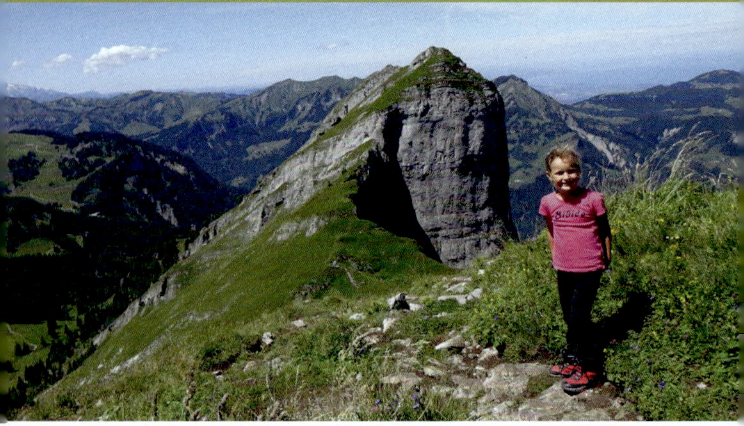

Einer der schönsten und bekanntesten Aussichtsberge im Bregenzerwald ist die Kanisfluh mit fantastischem Rundblick auf die umliegende Bergwelt sowie bis zum Bodensee. Bekannt ist die hier lebende Steinbock-Kolonie mit etwa 60 Tieren. Mit etwas Glück können einige davon gesichtet werden. Der Wanderweg führt über wunderschöne Blumenwiesen mit mehr als 200 verschiedenen Schmetterlingsarten. Bei Einheimischen sind die Aufstiege bei Sonnenaufgang sehr beliebt.

Wetter: ○ Anforderung: ● Gesamtdauer: 3 h

Anforderung: Schwierig aufgrund der zu bewältigenden Höhenmeter; 565 Hm; mittel bis steil; kurze Schotterstraße, dann hauptsächlich Wanderwege im alpinen Bereich; nach Regen etwas matschig.

Dauer: Aufstieg: ca. 1 ½ bis 2 h, Abstieg: 1 ¼ h; insgesamt 5,2 km.

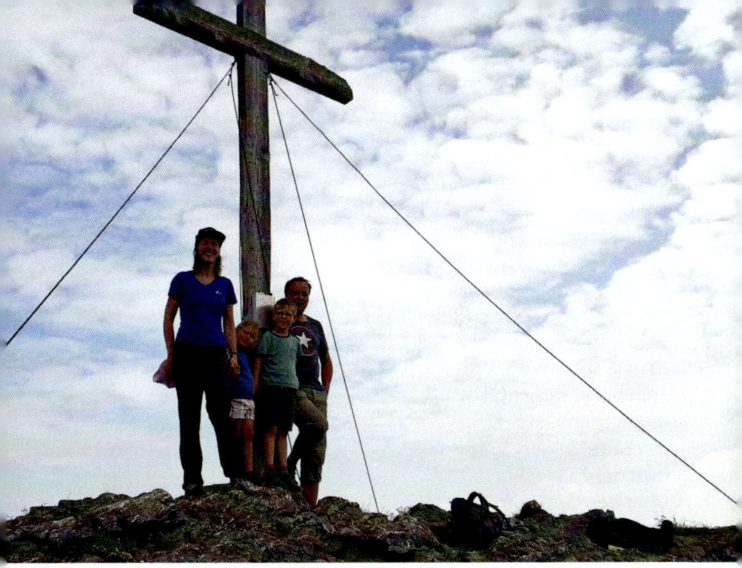

Wetter:	Schönes Wanderwetter; kein Schatten, da über der Baumgrenze; beste Zeit von Juni bis Sep.

Kindergarten-kinder:	Nur für gut trainierte und motivierte LäuferInnen.
Volksschulkinder:	Nur für gute LäuferInnen.
Ab 10 Jahren:	Perfekt geeignet.

Navi: 6883 Au, Öberle 347.

Anfahrt: A14, Abfahrt Dornbirn Nord, L200 bis Au, von dort rechts Richtung Damüls, dann rechts beim großen Schild „Alpengasthaus Edelweiß" dem Güterweg bis zum Parkplatz folgen.

Bus/Bahn: Keine öffentlichen Verkehrsmittel.

Ausgangspunkt/P: Parkplatz Alpe Öberle, unter Alpengasthof Edelweiß (1453 m)

Infos/Gaststätten: *Alpengasthaus Edelweiß, gemütliches Gasthaus mit Blick auf die Kanisfluh, +43 664 432 48 40, www.oeberle.com.

Wegbeschreibung: Vom Ausgangspunkt am Gasthaus Edelweiß vorbei und auf einem schönen Fußpfad Richtung Alpe Öberle. Dann rechts den Südhang hinauf, dem Wanderweg zum tief eingeschnittenen, ziemlich breiten Sattel folgen. Von dort geht es rechts über den Grat zum Gipfel der Kanisfluh auf 2044 m Seehöhe. Der Rundumblick ist herrlich und reicht vom Bregenzerwald bis zum Bodensee. Oben angelangt kann man mit etwas Glück die vielen Steinböcke bewundern. Retour geht's auf derselben Route.

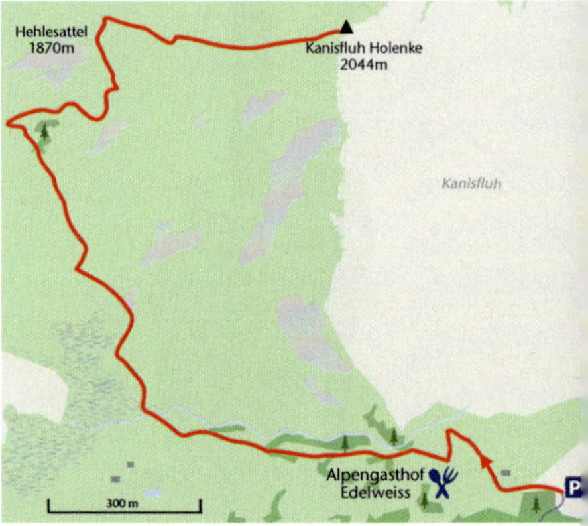

Aus der Wandertrickkiste:
Herzsteine suchen! Steine, die am Weg liegen, haben oft ganz tolle Formen. Herzsteine sind häufig zu finden. Die Kinder können sich auch weitere Formen einfallen lassen, die sie in den Steinen erkennen.

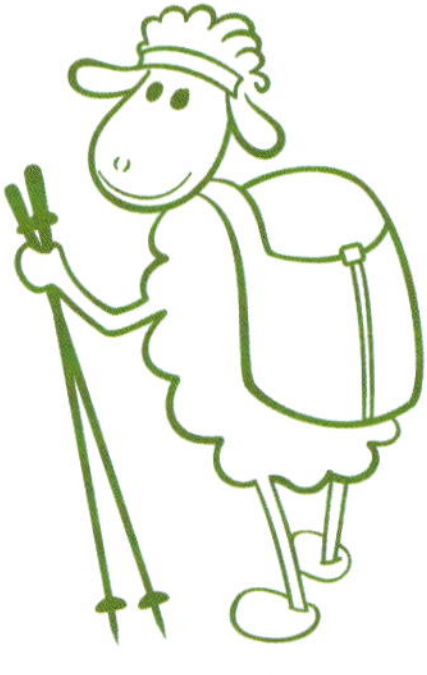

18 Sünser See & Sünser Spitze (2061 m)

Furkapaß: lange Tour mit traumhaften Ausblicken

si

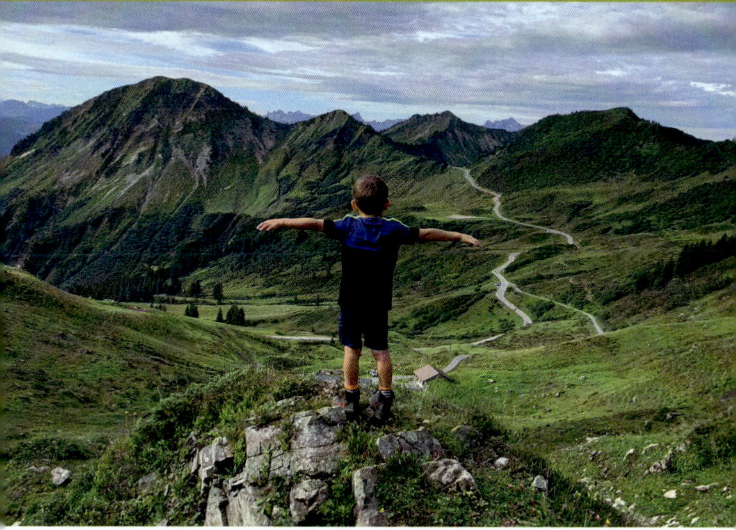

Der Sünser See und die Sünser Spitze liegen im größten Naturschutzgebiet Vorarlbergs, Hohe Kugel – Hoher Freschen – Mellental. Hier leben Tiere wie der Steinadler, verschiedene Eulen und der seltene Waldspecht. Auf halbem Weg zum Gipfel liegt der Sünser See, was vielen schon als Tagesziel genügt. Immer wieder gibt es Mutige, die hier hineinhüpfen. Mit gehfreudigen Kindern kann man noch die Sünser Spitze erklimmen. Der Ausblick ist einmalig mit dem Bodensee im Hintergrund und vielen verschiedenen Berggipfeln.

Wetter: ☀ ○ Anforderung: 🔴 ⚫ Gesamtdauer: 3 ½ h

Anforderung:	Schwierig aufgrund der Länge; 440 Hm; bis zum See teilw. steil, aber nicht ausgesetzt. Ab dem See dann teilw. schwierig, steil und ausgesetzt. Zum Gipfel führt ein Grat über einen Wiesenhang hinauf, rechts und links des Weges ist es abschüssig, daher aufpassen oder an der Hand führen. Dort ist auch Bergerfahrung und Schwindelfreiheit Voraussetzung.
Dauer:	RW: 3 ½ h; 9 km; ca. 1 h bis zum See und nochmals ¾–1 h bis zum Gipfel.
Wetter:	Schönes Wanderwetter; kein Schatten, da über der Baumgrenze; beste Wanderzeit von Juni bis September.

Kindergartenkinder:	Nicht geeignet, da die Strecke zu lange ist.
Volksschulkinder:	In diesem Alter eher nur bis zum See und wieder retour. Sehr gute LäuferInnen mögen vielleicht aber schon den Gipfel erklimmen. Sie müssen jedoch unbedingt bergerfahren, trittsicher und schwindelfrei sein. Ansonsten ist die Wanderung abwechslungsreich mit dem See und dem Ausblick vom Gipfel.
Ab 10 Jahren:	Siehe oben. Jugendliche mit guter Kondition könnten das Portlahorn noch dazunehmen (Abstecher ist gut beschildert).

Navi: Furkapass.

Anfahrt: A14, Abfahrt Rankweil in Richtung Laternsertal, über den Furkapass fahren und nach dem Pass befinden sich auf der rechten Seite 3 Parkplätze. Der Furkapass ist auch über das Großwalsertal und den Bregenzerwald von Au aus erreichbar.

Bus/Bahn: -

Ausgangspunkt/P: Parkplatz nach dem Furkajoch.

Infos/Gaststätten: *Alpe Portla, von Juni bis September bewirtschaftet.

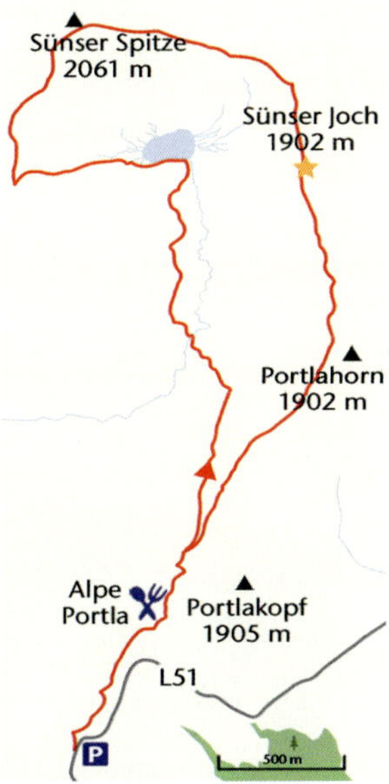

Wegbeschreibung: Vom Ausgangspunkt geht ein Schotterweg an der linken Seite zur Alpe Portla. Dort dem Wegweiser Richtung Sünser See/Sünser Spitze folgen. Der erste Anstieg von ca. 20 Min. ist recht steil, aber dann verläuft der Weg gemütlich und im leichten Auf und Ab bis zum See (ca. 1 h). Vom See geht's noch einmal ca. 45 Min. teils recht steil und abschüssig bis zum Gipfel. Um den Gipfel selbst gibt es nicht viel Platz zum Rasten, evtl. etwas unterhalb. Für einen Rundweg ab hier den Schildern Richtung Sünser Joch (30 Min.) folgen. Achtung: Hier ist ein kurzes Stück sehr ausgesetzt und abschüssig. Beim Sünser Joch kommt nochmals ein kurzer Anstieg Richtung Blauer See und dann recht eben wieder zur Alpe Portla und zurück zum Ausgangspunkt.

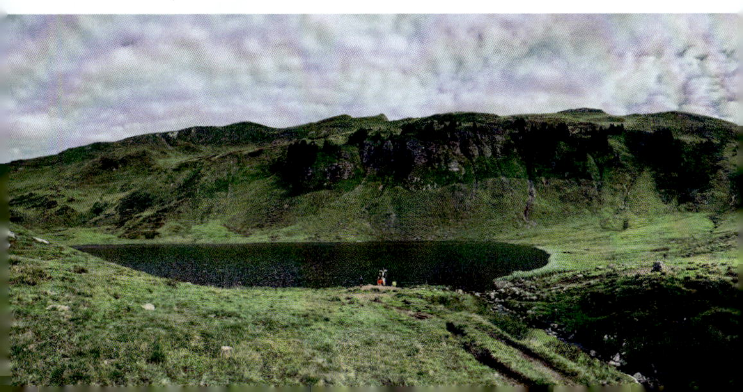

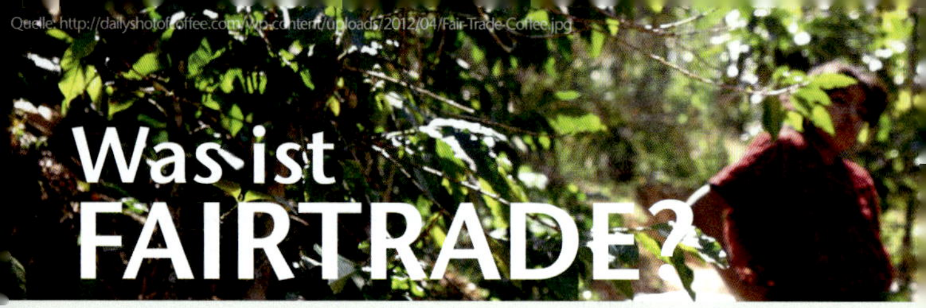

Quelle: http://dailyshotofcoffee.com/wp-content/uploads/2012/04/Fair-Trade-Coffee.jpg

Was ist FAIRTRADE?

FAIRTRADE ist ein Verein zur Förderung des FAIREN Handels mit dem Süden. Nur wer sich an die strengen Auflagen hält, darf das FAIRTRADE-Siegel verwenden. Mitglieder des Vereins sind u.a.: Caritas, Katholische Jugendschaft, Evangelische Jugend, Grüne Bildungswerkstatt, Österr. Hochschülerschaft, PfadfinderInnen Österreichs, WWF-World Wide Fund for Nature und viele mehr.

WOFÜR STEHT DIESES FAIRTRADE-SIEGEL?

- Direkter Handel mit den ProduzentInnen und KleinbäuerInnen unter Ausschaltung der lokalen Zwischenhändler
- Dadurch FAIRE Preise für die ProduzentInnen & kontrollierter Warenfluss nach Europa
- Prämie für soziale & ökologische Entwicklung
- Gesetzliche Mindestlöhne & arbeitsrechtliche Mindeststandards
- Verbot von Kinderarbeit und sklavenähnlicher Zwangsarbeit
- Naturnahe & nachhaltige Anbaumethoden sowie Schutz des Regenwaldes
- Schutz natürlicher Gewässer & des Trinkwassers

FAIRTRADE
TRANSFAIR

Fairtrade
W.: www.fairtrade.net
W.: www.fairtrade.de
W.: www.fairtrade.at

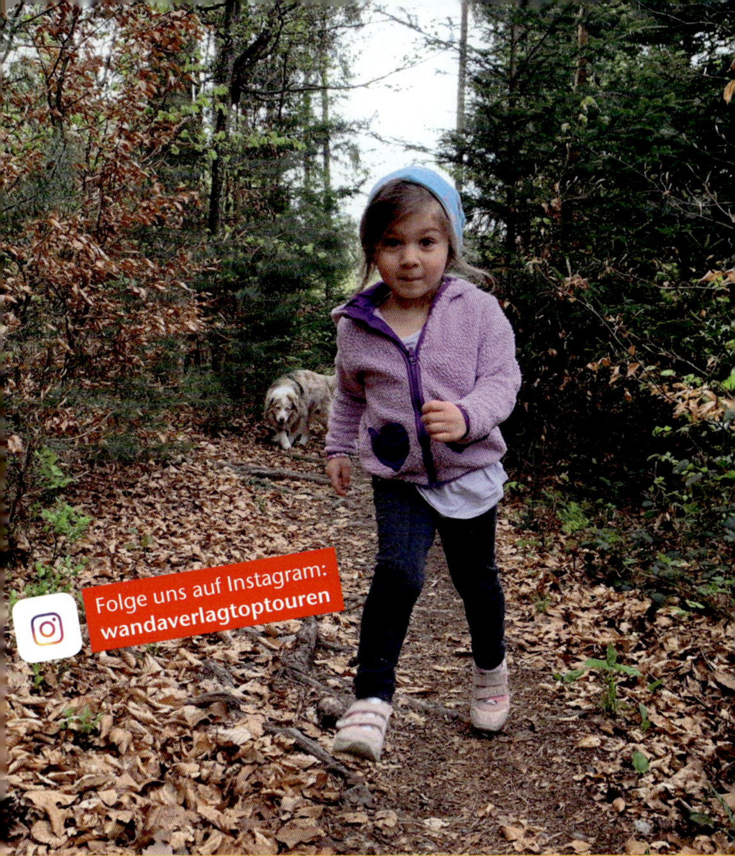

III. Rheintal und Walgau

19 Schleienlöcher / Grüner Damm

Hard: Spaziergang im Naturschutzgebiet

cm/si

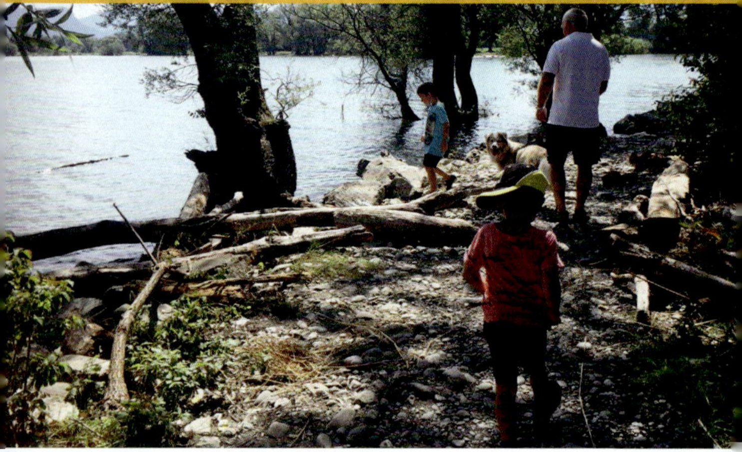

In dieser Gegend des Bodensees gibt es viele kleine Wege, die von uns ausgewählte Runde verläuft entlang des Wassers, über kleine Brücken und an manchen Stellen darf man baden. Auch wenn dieser Weg zwei lange, für Kinder etwas langweilige Geraden beinhaltet, hat die Wanderung am Ufer und zwischen dem Schilfgürtel schon etwas Besonderes. Proviant und Sonnenschutz nicht vergessen. Eine wunderschöne, kürzere Variante, die mit dem Kinderrad möglich ist, führt zum Grünen Damm, siehe Skizze. Von Lustenau fährt das Rheinbähnle zur Rheinmündung und zum Schleienloch.

Wetter: Anforderung: Gesamtdauer: 1 ½ h

Anforderung: Leicht; eben; ca. ¾ der Strecke breiter Schotterweg, ¼ schmale Pfade und Brücken.

Dauer: RW: 1 ½ h; 4,9 km.

Wetter:	Schönes, nicht zu heißes Wanderwetter, kein Schatten! Bei hohem Wasserstand ist der untere Weg nicht begehbar, dann einfach auf dem Damm bleiben, neben den Schienen des Rheinbähnles verläuft ein Trampelpfad.

Kindergartenkinder:	Für Kinder in diesem Alter ist die angeführte Strecke zu lang. Wir empfehlen daher, ein Stück entlang des Grünen Damms zu gehen oder die Strecke mit dem Rheinbähnle zu fahren und bei Zwischenstationen auszusteigen.
Volksschulkinder:	Siehe oben, für gehfreudige Kinder gut geeignet. Es gibt einen Spielplatz beim Ausgangspunkt und auch immer wieder Möglichkeiten, zum Wasser zu gehen (Hinweistafeln beachten) und auch die Möglichkeit, zu baden. Im Schleienloch gibt es Wasserläufer, Enten, Fische zu beobachten.
Ab 10 Jahren:	Gut geeignet, siehe oben.

Navi: 6971 Hard, Seestraße 34.

Anfahrt: A14, Abfahrt Wolfurt, Richtung Hard Zentrum fahren, bei der Raiffeisenbank rechts zum See, dann links abbiegen. Der Parkplatz befindet sich auf der rechten Seite (gebührenpflichtig).

Bus/Bahn: Linie 11 und 17, Hst. Hard Seniorenhaus.

Ausgangspunkt/P: Öffentlicher Parkplatz Seestraße 34.

Infos/Gaststätten: *Fischerheim am Schleienloch, nettes Restaurant am Schleienloch mit Fischspezialitäten, Tel. +43 5574 78 220, www.fischerheim.at, Di und Mi Ruhetag. *Rheinbähnle, nette Museumsbahn bis zur Rheinmündung, www.rheinschauen.at, Richtpreis: Erw. € 12,80, Ki. ab 6 J. € 6,40. *Surfmax, Tel. +43 650 36 05 400, www.surfmax.at.

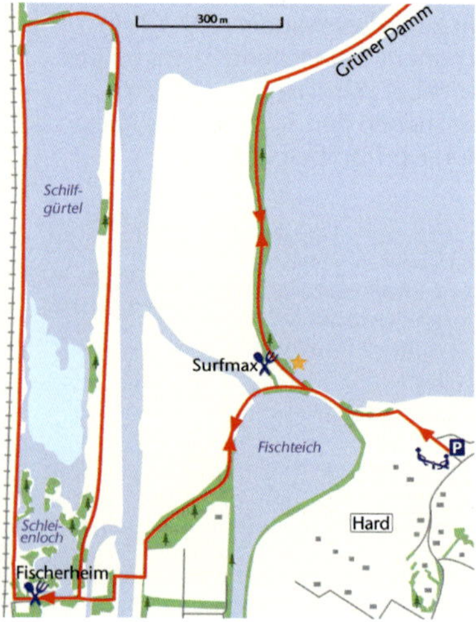

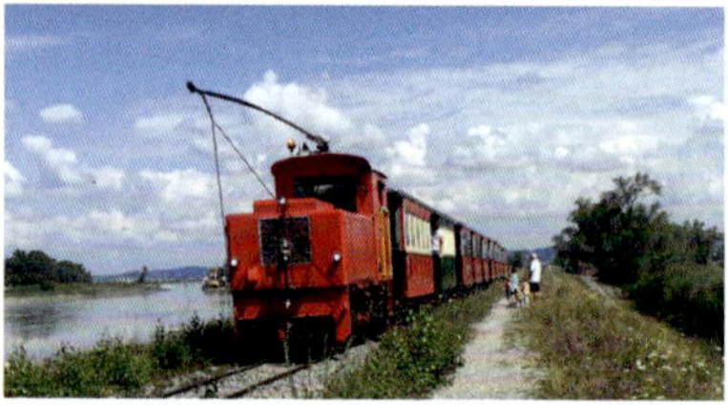

Wegbeschreibung: Vom Ausgangspunkt geht der Weg vorbei an den Sportanlagen Richtung See. Am See angekommen links halten und bis zum „Surfmax". Dort gabelt sich der Weg. Rechts ginge es zum Grünen Damm. Wir gehen jedoch links Richtung Schleienloch. Bei der Brücke mit dem Kran für Seegras einfach geradeaus, vorbei am Fischerheim laufen. Nun führt der Weg ca. 1 km rechts weg immer geradeaus. Bei niedrigem Wasserstand ist der unten am Wasser führende Weg netter, bei hohem Wasserstand müssen wir oben am Damm neben den Gleisen des Rheinbähnles laufen. Es geht immer Richtung Rheinmündung. Nun kommt der schönste Teil der Wanderung: Es geht fast auf Seehöhe über einen schmalen Weg und kleine Brücken um den Teich des Schleienlochs herum. Danach geht's wieder auf einer langen Geraden zurück. Beim Seegras-Kran am bekannten Weg zurück zum Ausgangspunkt.

Variante Grüner Damm: Die wunderschöne Strecke mit Blick auf Wasser auf beiden Seiten des Weges führt am Harder Binnenbecken entlang. Am Ende des Damms gleicher Rück- wie Hinweg.

20 Schreckweg (700 m)

Meschach: schöner Wurzelweg mit Aussicht

si

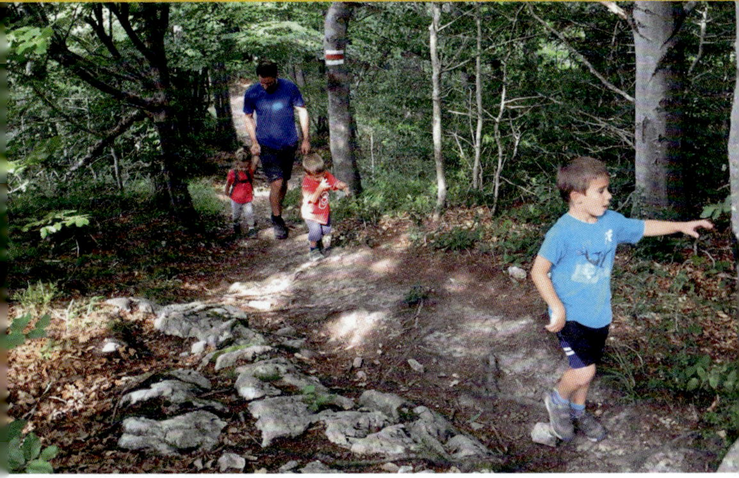

Diese Wanderung bietet an sich keinen spektakulären Höhepunkt, ist jedoch als Nahziel recht nett. Die Wegführung über einen schmalen, aber recht steilen Wurzelpfad entlang einer Felskante war für unsere Kinder interessant. Oben am Aussichtspunkt Kapf angelangt, hat man einen schönen Ausblick über das ganze Rheintal.

Wetter: Anforderung: Gesamtdauer: 2 h

Anforderung:	Schwierig; 280 Hm; größtenteils steil und teilweise abschüssig; Wurzel- und Wiesenwege, Schotter- und Asphaltstraße.
Dauer:	RW: ca. 2 h; 3,3 km.
Wetter:	Schönes Wanderwetter; ca. zur Hälfte schattig.

Kindergarten-kinder:	In diesem Alter nur für sehr gute LäuferInnen geeignet, siehe Anforderung. Unsere damals 3-Jährige ist auf allen Vieren über das steile Stück hinauf und es hat ihr sichtlich Spaß gemacht.
Volksschulkinder:	Für gute LäuferInnen geeignet, siehe oben. Der steile Aufstieg war für unsere Kinder der interessanteste Teil. Das letzte Stück führt leider entlang einer wenig befahrenen Straße.
Ab 10 Jahren:	Netter Spaziergang für zwischendurch.

Navi: 6840 Götzis, Meschach 2.

Anfahrt: A14, Ausfahrt Götzis, Richtung Ortsmitte fahren, bei der Kirche rechts Richtung Meschach. Die Straße wird am Ende sehr schmal.

Bus/Bahn: Ortsbus Linie 6, Götzis Meschach Kirche.

Ausgangspunkt/P: Parkplatz Kirche Meschach.

Infos/Gaststätten: *Keine Gaststätte entlang des Weges, bitte Proviant mitnehmen.

Wegbeschreibung: Vom Ausgangspunkt bei der Kirche Meschach führt der Weg zum Pfarrhaus und hier dem Wegweiser Richtung Aussichtspunkt folgen. Nach dem ersten Anstieg gibt es oben den nächsten Wegweiser, bei diesem rechts Richtung Schreckweg/Kapf

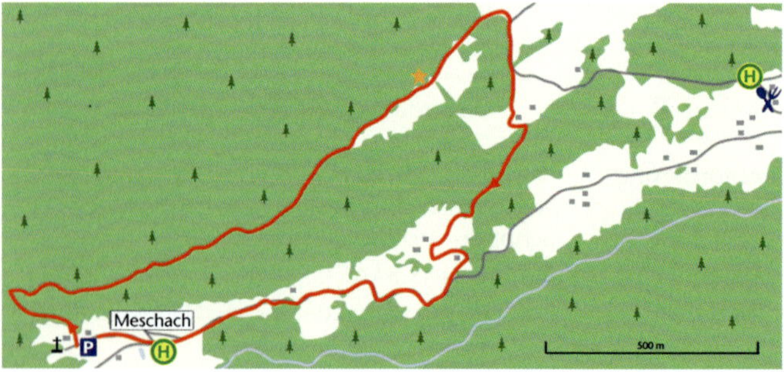

abbiegen. Der Weg ist sehr wurzelig und steil, aber sehr schön zu laufen. Immer dann, wenn das Gelände abschüssig wird, bitte die Kinder sichernd an der Hand führen. Je weiter man nach oben kommt, desto breiter und sicherer wird der Weg. Nach einem kurzen Stück über eine Wiese befindet sich der Aussichtspunkt Kapf. Dieser eignet sich gut für eine kleine Pause. Danach dem Schotterweg folgen und beim Parkplatz Spallenhof dem Wegweiser Richtung Meschach folgen. Das letzte Stück, ca. 20 Min, führt leider auf der Straße zurück oder man nimmt den Bus bei der Haltestelle Berghof hinunter zum Ausgangspunkt.

Aus der Wandertrickkiste:
Kunst im Wald: Ab und zu mit Tannenzapfen, Steinen und Zweigen ein kleines Kunstwerk formen.

21 Alpe Almein (1060 m)

Viktorsberg: kurzer Ausflug über die Nebelgrenze

si

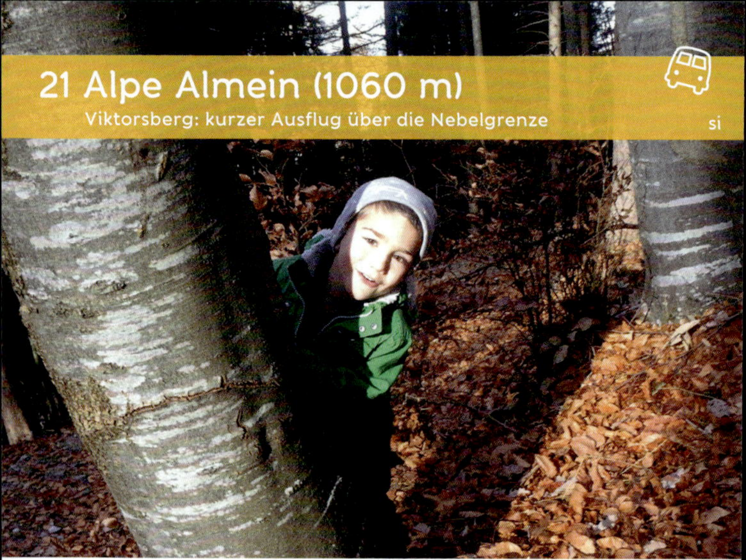

Die Wanderung eignet sich vor allem im Frühling und Herbst, um der Nebelsuppe im Rheintal zu entfliehen. Am Ziel wird man mit einem schönen Panoramablick über das ganze Rheintal bis zu den Schweizer Bergen belohnt. Beliebt ist die Alpe auch bei älteren Menschen, daher ist der Weg für alle Familienmitglieder inklusive Großeltern ideal.

Wetter: Anforderung: Gesamtdauer: 2 ½ h

Anforderung: Mittel; 309 Hm; Schotter- und Wiesenwege, Asphaltstraße.

Dauer: RW: 2 ½ h; 5,3 km.

Wetter: Schönes, nicht zu heißes Wanderwetter, besonders für den Frühling und Herbst geeignet; wenig Schatten.

Kindergarten-kinder:	Diese Wanderung eignet sich für gute LäuferInnen, da doch ca. 300 Hm zusammenkommen. Die Kinder finden bei den verschiedenen Bodenbeschaffenheiten immer wieder verschiedene Naturmaterialien wie Stecken und Tannenzapfen zum Spielen.
Volksschulkinder:	Siehe oben.
Ab 10 Jahren:	Gut geeignet.

Navi: 6836 Viktorsberg, Hauptstraße 62 (Hotel Viktor ist gleich neben dem Parkplatz).

Anfahrt: A14, Abfahrt Klaus, Richtung Klaus, bei der Kreuzung rechts Richtung Weiler/Röthis, beim Kreisverkehr in die Dorfmitte von Röthis fahren, dann dem Schild „Viktorsberg“ folgen. In Viktorsberg durch das ganze Dorf zum Kloster. In der Rechtskurve bei der Bushaltestelle Hotel Viktor gibt es einige Parkplätze (links und rechts).

Bus/Bahn: Linie 63 von Röthis nach Viktorsberg, Hst. Hotel Viktor.

Ausgangspunkt/P: Parkplatz bei der Bushaltestelle Hotel Viktor.

Infos/Gaststätten: *Hotel Viktor, nettes Restaurant mit schönem Panoramablick über das Rheintal, Tel.: +43 (0)5523 65300, www.hotel-viktor.at, Ruhetag: Mo. *Alpe Almein, nette Alpe mit kleiner Schaukel, Tel. +43 664 4152671, Sommer und Winter bewirtet. Vorsicht mit Hunden, da auf der Alpe Weidetiere sind.

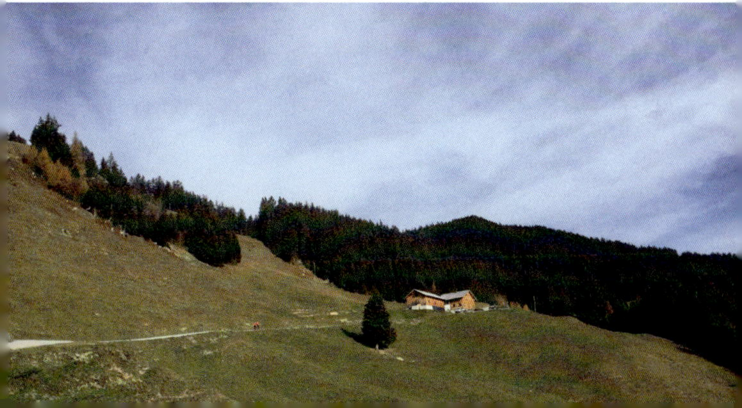

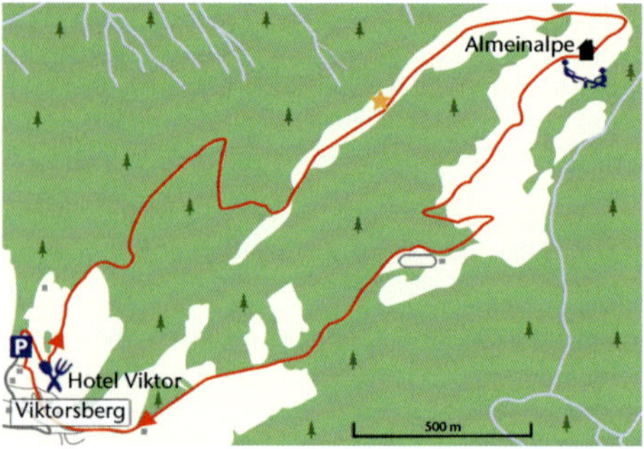

Wegbeschreibung: Beim Parkplatz führt der Weg am Hotel Viktor vorbei. Dann gibt es zwei Möglichkeiten: Entweder dem Schotterweg folgen oder die Abkürzung über den Wiesenweg nehmen. Die Wege führen oben im Wald wieder zusammen. Nach einigen Minuten im Wald geht der Weg hinaus auf die „Langa Wies“ und führt am Waldrand hinauf zu einem alten Stadl. Dieser lädt zu einer Pause in der Sonne ein. Gestärkt geht es über die Wiese weiter bis zur Abzweigung Alpe Almein. Der Weg führt nun für ca. 10 Min. steil bis zur Alpe hinab. Diese wird leider nur im Winter bewirtschaftet. Der Rückweg geht über die Schotterstraße mit mittlerer Steigung abwärts. Beim Fußballplatz geradeaus gehen und später den oberen Weg Richtung Viktorsberg nehmen. Beim letzten Wegabschnitt hat man einen schönen Ausblick über die Vorderlandgemeinden mit Rankweil, Feldkirch und den „Drei Schwestern“ im Hintergrund. Bei den ersten Häusern zweigt der Weg nochmals nach rechts ab und führt am Kloster vorbei zum Parkplatz.

22 Fitnessparcours Ganta-Loresch

Röthis: schöner Weg mit Waldspielplatz

si

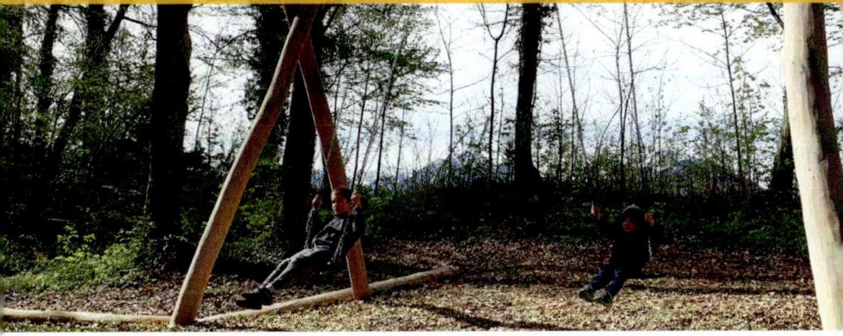

Sehr schön angelegter Fitnessparcours für eine kurze und gemütliche Runde. Die 13 über den Weg verteilten Stationen motivieren, von einer zur nächsten zu laufen. Die dicht bewachsenen, teils verwurzelten Pfade sind sehr einladend und führen an einer Felswand vorbei. Es gibt etwas zum Balancieren und viele kindertaugliche Koordinations- und Kraftübungen. Der Wald lädt mit seinen Naturmaterialien wie Tannenzapfen und Moosen natürlich auch zum Spielen ein. Am Ende des Spazierwegs wartet ein sehr schöner, großer Waldspielplatz und gleich hinter dem Spielplatz ist noch ein kleiner Aussichtspunkt mit Blick über die Vorderlandgemeinden.

Wetter: Anforderung: Gesamtdauer: 1 ½ h

Anforderung: Leicht; 45 Hm; wurzelige Waldwege, Schotterstraße.

Dauer: RW: reine Gehzeit ca. ½–¾ h, 2 km. Jedoch doppelt so viel Zeit für die Stationen einplanen.

Wetter: Jedes Wanderwetter und auch bei regnerischem Nieselwetter geeignet.

Kindergarten-kinder:	Optimal, auch der Waldspielplatz ist sehr nett.
Volksschulkinder:	Siehe oben.
Ab 10 Jahren:	Ein kurzer, netter Ausflug für zwischendurch.

Navi: 6832 Röthis, Ganta.

Anfahrt: A14, Abfahrt Klaus, Richtung Weiler Klaus, Röthis fahren. In Röthis nach Viktorsberg abbiegen, nach der Röthner Kirche ist beim ersten Anstieg links der Fitnessparcours Ganta-Loresch angeschrieben.

Bus/Bahn: Linie 63, Röthis Kirche.

Ausgangspunkt/P: Parkplatz Ganta; nur wenige Parkplätze vorhanden.

Infos/Gaststätten: *Keine Gaststätte am Weg, daher Proviant mitnehmen.

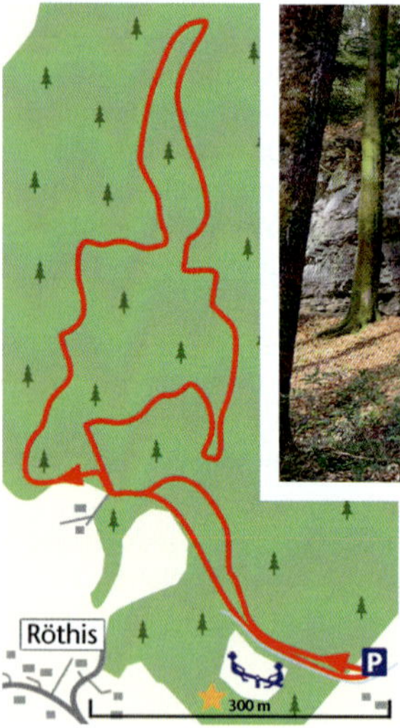

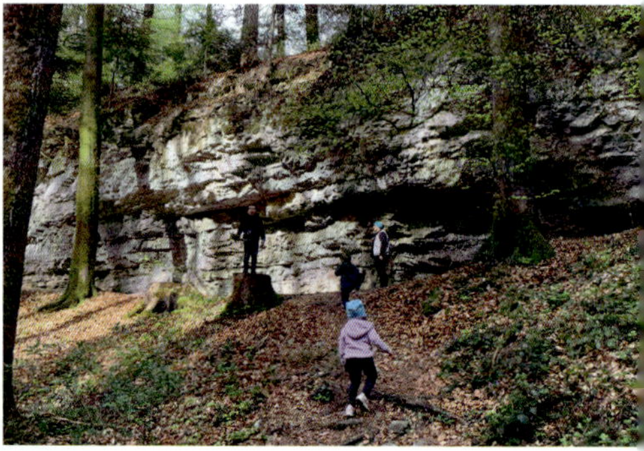

Wegbeschreibung: Der Fitnessparcours ist beim Ausgangspunkt sehr gut beschriftet. Die Runde ist sehr nett angelegt, mit tollen und schmalen Wurzelwegen.

23 Morschkear & Osangbrücke

Dafins: Wasserfall und Buabagumpa

si

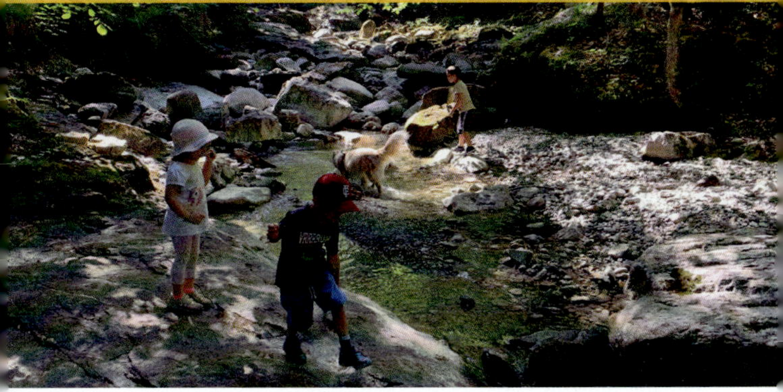

Die Wanderung eignet sich sehr gut für heiße Tage, da es am Mühltobelbach und im Wald angenehme Temperaturen hat. Bitte jedoch beachten, dass Hin- und Rückweg in der Sonne liegen. Deshalb bitte nicht zur heißen Mittagszeit gehen. Die Gumpen und der Bach bieten wunderbare Möglichkeiten zum Plantschen und Spielen. Einige trauen sich sogar im eiskalten Wasser beim „Buabagumpa" zu baden. Der Blick von der Osangbrücke ins Tobel hinunter ist etwas Einmaliges. Hinauf führt der Weg durch sehr naturbelassene Bergwiesen mit vielen verschiedenen Blumen und Kräutern.

Wetter: Anforderung: Gesamtdauer: 1 ½ h

Anforderung: Mittel; 160 Hm; kurze steilere Teilstücke; beim abschüssigen Teilstück zwischen den Brücken bitte Kinder sichernd an der Hand führen.

Dauer: RW: 1 ½ h; 3,3 km.

Wetter: Schönes Wanderwetter.

Kindergarten-kinder:	Gut geeignet. Es gibt zweimal die Möglichkeit, am Wasser zu plantschen, bis auf die o.a. Steilstücke angenehm zu laufen.
Volksschulkinder:	Siehe oben.
Ab 10 Jahren:	Gemütliche Runde für zwischendurch mit Bademöglichkeiten.

Navi: 6835 Dafins, Parkplatz Birket.

Anfahrt: In Röthis immer Richtung Ortsmitte fahren und der Beschilderung nach Dafins folgen. In Dafins durch das Dorf und vor der Fahrverbotstafel gibt es rechts einen kleinen Parkplatz.

Bus/Bahn: Linie 64, Hst. Morsch. Bei der Haltestelle dem Weg rechts hinein folgen, er führt zum Wanderweg. Beim Rückweg die Straße weiter bergab bis zur Hst. gehen.

Ausgangspunkt/P: Parkplatz Birket oder Hst. Morsch.

Infos/Gaststätten: *Keine Gaststätte am Weg, bitte Proviant und ausreichend zu trinken mitnehmen.

Wegbeschreibung: Hinweis: Bei dieser Beschreibung wechseln die Wegweiser häufig, bitte daher gut beachten: Beim Parkplatz gleich rechts den Schotterweg bergab nehmen. Bei den Häusern auf der Asphaltstraße Richtung Morsch laufen und bei der Abzweigung dem Wegweiser nach „Buchebrunnen über Morschkear“ folgen. Am Ende der Straße geht der Weg zwischen den Häusern durch (Wegweiser an der Hauswand zum Wasserfall folgen) und geht in einen schmalen Pfad über. Bei der Brücke gibt es die erste Möglichkeit zum Plantschen.

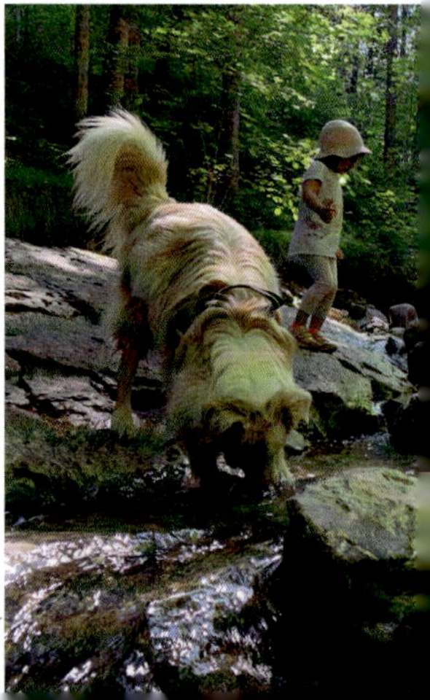

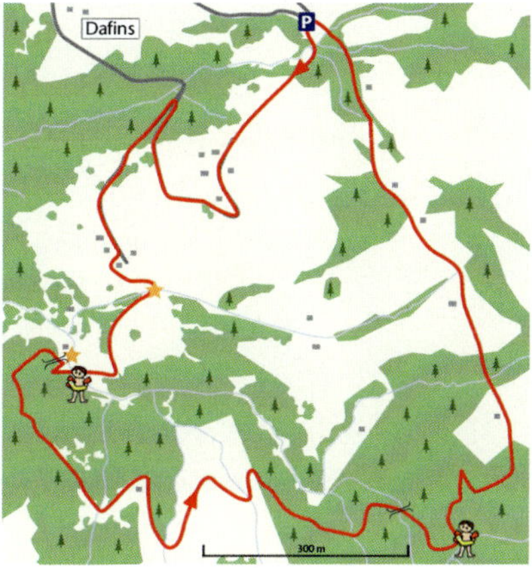

Anschließend kommt der steilste Anstieg.

Nun dem Wegweiser nach Sennewies-Älpele folgen. Auf der Schotterstraße dem Wegweiser nach Osangbrücke folgen. Ab hier gehts immer leicht aufwärts am Hang entlang. Bitte bei den abschüssigen Stellen die Kinder an der Hand führen oder darauf achten, dass die Kinder an der Bergseite laufen!

Nach der Brücke gibt es einen schmalen Abstecher zum Rast- und zweiten Badeplatz, dem Buabagumpa. Hier kann ausgiebig geplantscht werden.

Dann wieder am gleichen Pfad zur Brücke retour und dort den Weg rechts bergauf nehmen.

Bei der Hütte vorbei laufen, dann rechts abbiegen und gleich wieder links hinauf .

Bei der nächsten Hütte vorbei in die Sackgasse bis zum Klohäuschen. Hier muss man genau suchen, da der Weg etwas versteckt liegt: Vor dem Klohäuschen geht rechts ein Weg hinauf und dann gleich links wieder weg. Diesem Wurzelweg folgen und dann dem Schotterweg bis zur Straße. Nun nur noch bergab zum Parkplatz laufen.

24 Vita Schrofen (1100 m)

Furx: kurzer Rundweg über der Nebelgrenze

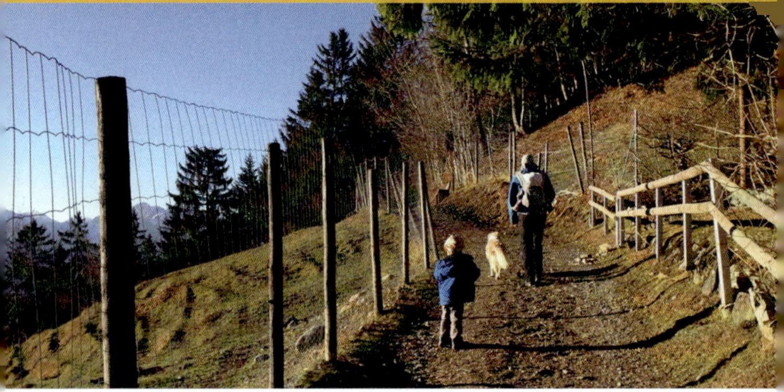

Die Wanderung eignet sich besonders für kleinere Kinder, da sie kurz und abwechslungsreich ist. Beim Parkplatz befindet sich ein Spielplatz und ein Reiterhof mit vielen Pferden sowie ein Gehege mit Damwild. Auf dieser Runde ändert sich immer wieder die Bodenbeschaffenheit, d.h. Schotterweg, kleine Wald- und Wiesenwege wechseln sich ab und meist liegt der Weg gut über der Nebelgrenze. Im Winter ist hier das kleine Skigebiet „Zwergenland“.

Wetter: Anforderung: Gesamtdauer: 1 h

Anforderung:	Mittel; 50 Hm; mittlere Steigung; Schotter- und Waldwege.
Dauer:	RW: ¾–1 h; 2,5 km.
Wetter:	Trockenes Wanderwetter, bis zum Aussichtspunkt auch bei regnerischem Wetter geeignet. Schön im Frühling und Herbst, da meist über der Nebelgrenze.

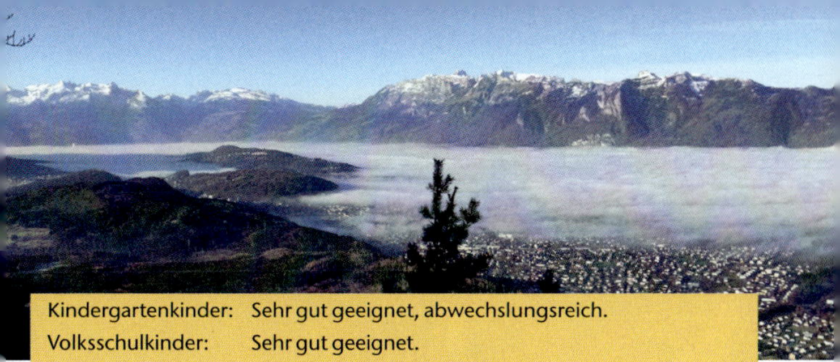

Kindergartenkinder:	Sehr gut geeignet, abwechslungsreich.
Volksschulkinder:	Sehr gut geeignet.
Ab 10 Jahren:	In diesem Alter ist die Strecke evtl. zu kurz.

Navi: 6830 Zwischenwasser, Furx 25.

Anfahrt: Autobahnabfahrt Rankweil, Richtung Rankweil/Laternsertal. Bei der Abzweigung Furx/Suldis links abbiegen, dann gleich wieder rechts, am Ende der Straße ist ein großer Parkplatz.

Bus/Bahn: Sonnenbus, nähere Infos unter www.zwischenwasser.at.

Ausgangspunkt: Parkplatz Peterhof Furx, gebührenpflichtig.

Infos/Gaststätten: *Peterhof Furx beim Ausgangspunkt, Tel. +43 5522 42882, www.furx.at/peterhof, Ruhetag Mo. *Reiterhof Trekkinghof mit Möglichkeit zum Ponyreiten gegen Voranmeldung, www.trekkinghof.at.

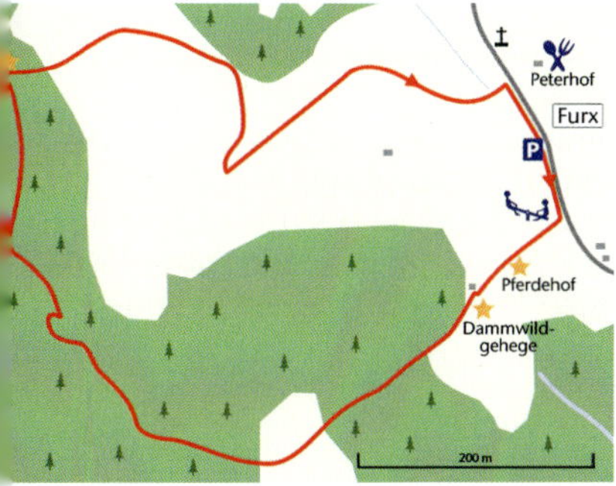

Wegbeschreibung: Der Weg führt zwischen dem Reiterhof und dem Wildgehege durch. Nach einer Lichtung geht's auf einem schmalen, teilweise steileren Waldweg weiter. Oben angekommen, führt der Weg entlang des Waldesrandes zum Aussichtspunkt Vita Schrofen, wo der Blick über das ganze Rheintal bis zu den Schweizer Bergen reicht. Zurück geht es über den Kinderschilift. Dort nochmals links abbiegen und zurück zum Parkplatz laufen.

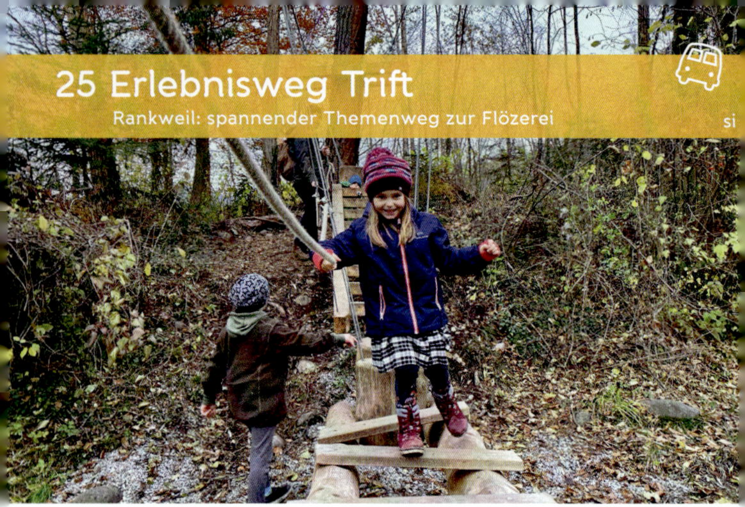

25 Erlebnisweg Trift

Rankweil: spannender Themenweg zur Flözerei

Dieser Erlebnisweg wurde im September 2019 nach langer Restaurierung und Erweiterung neu eröffnet. Weil die Strecke entlang von Wohngebieten verläuft, ist die Landschaft natürlich nicht so spektakulär. Dafür ist der nette, abwechslungsreiche Weg recht kurz und damit perfekt für Kinder, die sonst nicht so gerne laufen. Immer wieder gibt es Rastplätze, Informationen zur Arbeit der Flözer und zur einzigen noch vorhandenen Triftanlage. Neben Holz aus dem Laternsertal konnte auch Kies und Schotter aus der Frutz gewonnen werden. Die Frutz ist im Sommer bei Einheimischen beliebt, weil man im knöcheltiefen Wasser gut tümpeln und plantschen kann. Nach langen Schönwetterperioden kann es jedoch sein, dass sie kein Wasser führt. Umgekehrt können bei Schlagwetter im Laternsertal große Wassermengen daherkommen.

Wetter: Anforderung: Gesamtdauer: ½ h

Anforderung: Leicht; ebene Schotterwege, daher – bis auf die Wasserzugänge – kinderwagentauglich.

Dauer:	RW: 30 min; 1,2 km; aber ebenso viel Verweildauer für die interaktiven Tafeln und die Stationen einplanen.
Wetter:	Für jedes Wetter geeignet.

Kindergartenkinder:	Interaktive Tafeln zum Vorlesen. Entlang des Weges gibt es zwei „Flying Foxes", eine spannende Hängebrücke und Zugänge zum Wasser zum Plantschen und Hineinfallen;) Reservekleidung nicht vergessen. Der Weg ist laufrad- und kinderwagentauglich, nicht jedoch die Zugänge zum Wasser.
Volksschulkinder:	Siehe oben. Entlang der Frutz ist der Weg fahrradtauglich, jedoch Acht geben, auf einer Seite geht es steil zur Frutz bzw. zum Triftkanal hinunter.
Ab 10 Jahren:	Interessant ist der Weg auch für diese Altersgruppe. Wer jedoch einen längeren Spaziergang möchte, der kann der Frutz entlang abwärts laufen. Es gibt im Schnitt alle 15–20 Minuten eine Brücke zum Überqueren, um dann auf der anderen Uferseite retour zu gehen, die Zeiten sind auf den Wegweisern angegeben.

Navi: 6830 Rankweil, Alemannenstraße 49.

Anfahrt: A14, Abfahrt Rankweil, Richtung Ortsmitte und Laternsertal, nach einer Rechtskurve befindet sich links der Gewerbepark und rechts ein großer Parkplatz.

Bus/Bahn: Linie 60, Hst. Gewerbepark.

Ausgangspunkt/P: Parkplatz Gewerbepark.

Infos/Gaststätten: *In Rankweil gibt es im Ort einige Gasthäuser, kurz vor dem Gewerbepark gibt es eine Bäckerei. *Infos zum Erlebnisweg unter www.trift.at. Auf dieser Homepage gibt es noch viele spannende Berichte über die Flözerei und auch Unterrichtsmaterialien mit Rätseln und Lückentexten für einen Schulausflug. *Im Gewerbepark befindet sich die Boulderhalle „Steinblock" (www.steinblock.at), die auch für Kinder geeignet ist. *Im Kindergeschäft „Wunderland" gibt es neben Kindersachen auch regionale und umweltbewusste Produkte (www.wunderland.cc) und Frühstück auf Vorbestellung.

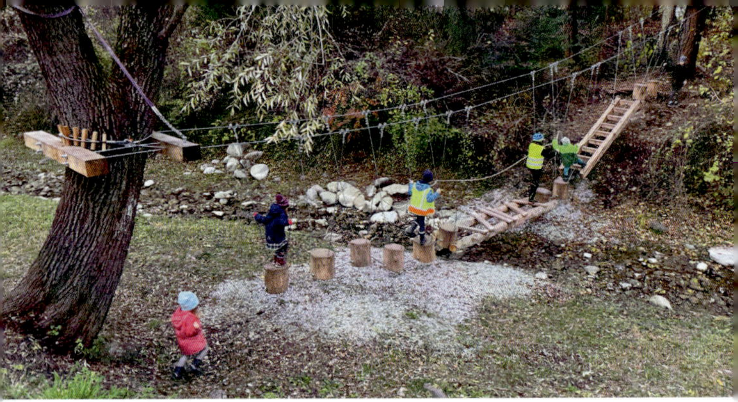

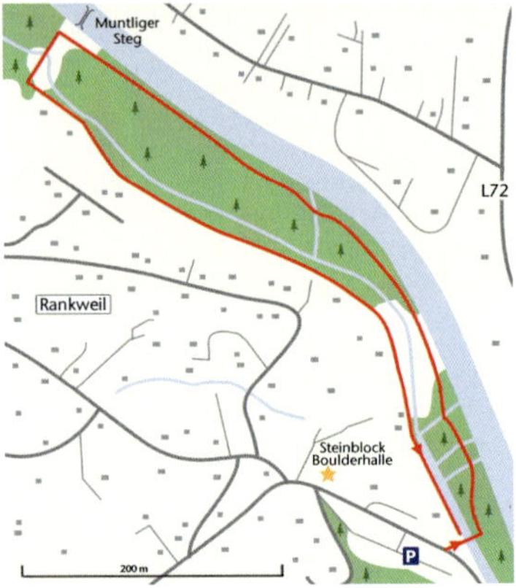

Wegbeschreibung:
Vom Parkplatz der Straße aufwärts in Richtung Billard-café folgen. Dann die teils stark befahrene Landstraße überqueren. Leider ist das mit Kindern besonders unangenehm, es gibt jedoch keinen anderen Einstieg mit Parkmöglichkeiten in der Nähe. Einheimische, die nicht anfahren müssen, können beim Muntlinger Steg starten. Auf der anderen Seite der Straße befindet sich die große Übersichtstafel „Erlebnisweg Trift". Nun führt der Weg rechts oder links der Triftanlage flussabwärts bis zum Muntlinger Steg. Dort die Seite des Triftkanals wechseln und zurücklaufen.

26 Säntisblick (500 m)

Göfis: spannender Wurzelweg mit Blick in die Schweiz

si

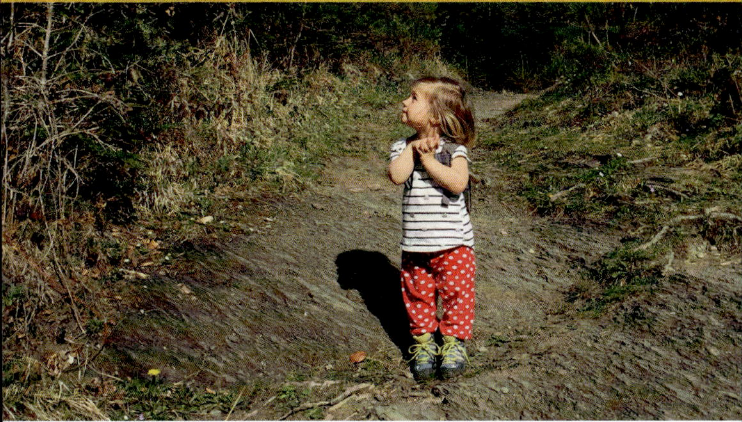

Die Wanderung beginnt am Rande des Naturschutzgebiets Gasserplatz und wer will, kann für einen kurzen Abstecher hinuntergehen. Unser Weg führt jedoch in die andere Richtung, durch den Tilliswald. Abwechslungsreich geht's über Wurzeln und entlang einer Felskante zum Säntisblick. Immer wieder eröffnen sich Ausblicke nach Levis und auf die Schweizer Berge wie den Hohen Kasten und den Säntis.

Wetter: Anforderung: Gesamtdauer: 1 ½ h

Anforderung: Mittel; 130 Hm; Wurzel- und Schotterweg.
Dauer: RW: 1 ½ h; 3 km.
Wetter: Trockenes Wanderwetter; rutschig bei Nässe, großteils im Wald.

Kindergarten-kinder:	Für gehfreudige Kinder gut geeignet. Entlang der Felskante bitte Kinder an der Hand führen. Eine gute Motivation ist der Spielplatz beim Sportplatz am Rückweg.
Volksschulkinder:	Sehr gut geeignet, s.o.
Ab 10 Jahren:	Gut geeignet für einen kurzen Ausflug in die Natur. Der Gasserplatz hat in Vorarlberg traurige Berühmtheit erlangt, hier erfolgte 1864 die letzte Hinrichtung.

Navi: 6811 Göfis, Gasserplatz.

Anfahrt: Anmerkung: Beim Ausgangspunkt gibt es nur wenige Parkplätze, deshalb ist die Anfahrt mit Bus empfehlenswert. Ausfahrt Frastanz (Nr. 41) nach Feldkirch nehmen. Dann vor der Schattenburg Richtung Göfis einbiegen. Nach einer markanten S-Kurve befindet sich der Gasserplatz auf der rechten Seite.

Bus/Bahn: Linie 67, Gasserplatz in Göfis.

Ausgangspunkt: Gasserplatz (wenige Parkplätze), Ausweichmöglichkeiten wären beim Sportplatz Hofen am Sportplatzweg 34 (Rückweg).

Infos/Gaststätten: *Keine Gaststätte am Weg, bei Fußballspielen ist eine Kantine geöffnet. *Informationen zum Gasserplatz unter www.goefis.at.

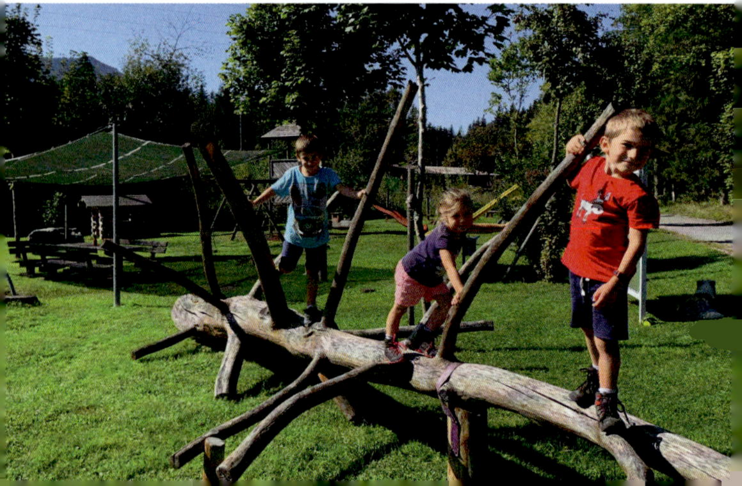

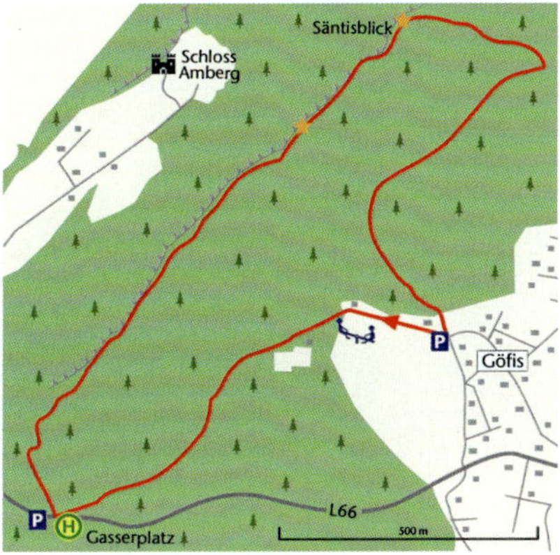

Wegbeschreibung:
Vom Ausgangspunkt die Landstraße L66 queren und direkt gegenüber in den schmalen Pfad in den Wald hinauf wandern. Auf den Wegschildern ist der Säntisblick mit 40 Min. angeschrieben. Im Prinzip führt der Pfad beständig an der Felskante, einmal mit etwas mehr, einmal mit weniger Abstand entlang. Oben angelangt laden zwei Bänke zum Verweilen ein. Achtung, hier sind nur zwei Drahtseile zur Sicherung angebracht, mit den Kindern daher unbedingt einen Sicherheitsabstand einhalten.

Ab dem Aussichtsplatz den Wegschildern Richtung Sportplatz Hofen folgen. Dort angekommen, geht der Weg am Waldrand Richtung Spielplatz weiter. Mit guter Orientierung kann man kurz vorher auch eine Abkürzung wählen. An dem einladenden Spielplatz wird man schwerlich ohne Pause vorbeikommen. Dann geht's an den Tennisplätzen entlang zu einer Weggabelung (rechts halten) und bei der nächsten Gabelung links zurück zum Ausgangspunkt.

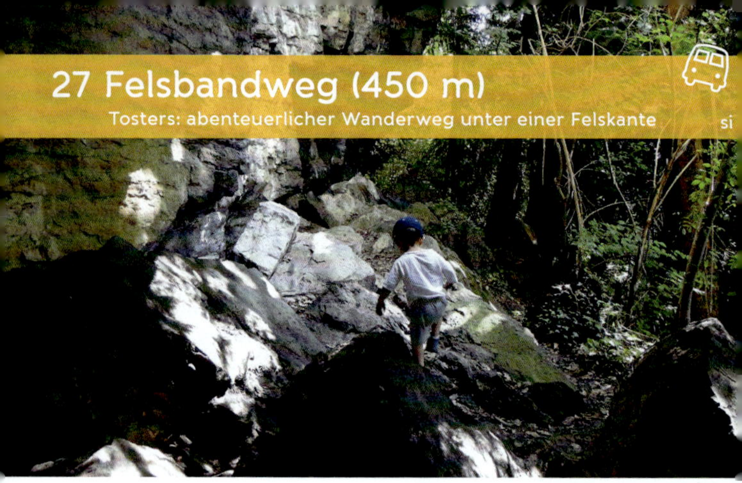

27 Felsbandweg (450 m)

Tosters: abenteuerlicher Wanderweg unter einer Felskante

si

Das ist eine spektakuläre Wanderung mit vielen abwechslungsreichen Abschnitten. Es ist daher eine gewisse Trittsicherheit erforderlich. Der Weg verläuft unter einer Bergkante und es gibt immer wieder Stellen, an denen die Kinder klettern oder kleine Höhlen entdecken können.

Wetter: Anforderung: Gesamtdauer: 5 h

Anforderung:	Schwierig; 180 Hm; kurzes steiles Stück, daher Trittsicherheit erforderlich, Waldwege.
Dauer:	Eine Strecke: 2 ½ h; 4,5 km.
Wetter:	Schönes, trockenes Wanderwetter, schattig.

Kindergarten-kinder:	Nur für größere und geübte LäuferInnen, da der Weg teilweise abfallend ist. Kinder in diesem Alter bitte an den ausgesetzten Stellen an der Hand führen.
Volksschulkinder:	Sehr geeignet, s.o., sehr abwechslungsreich.
Ab 10 Jahren:	Schöne Wanderung auch in diesem Alter.

Navi: 6800 Tosters/Feldkirch, Hubstraße. Hinweis: Es gibt beim Ausgangspunkt keine Parkplätze, eine Anfahrt mit öffentlichen Verkehrsmitteln wird daher empfohlen.

Anfahrt: Hinweis: Da sich der Ausgangspunkt vom Endpunkt unterscheidet und die Parkmöglichkeiten beschränkt sind, empfehlen wir die Anfahrt mit öffentlichen Verkehrsmitteln. Ansonsten siehe Anfahrt unter Tostner Burg im Kapitel Ruinen. Allerdings verlängert sich dadurch der Weg nochmals um ca. ½ Stunde.

Bus/Bahn: Linie 3, Hst. Am Schellenberg.

Ausgangspunkt: Hst. Am Schellenberg.

Infos/Gaststätten: *Keine Gaststätte am Weg, genügend Proviant mitnehmen.

Wegbeschreibung: Von der Haltestelle „Am Schellenberg“ kurz den Anfahrtsweg zurückgehen und dann links in die Straße „Am Schellenberg“ einbiegen und dem Wegweiser Richtung „Schellenberg/Auf der Egg“ folgen. Nach den Häusern geht die Asphaltstraße in einen Schotterweg über. Kurz danach erscheint wieder ein Wegweiser mit einer Tafel „Achtung Steinschlag“. Nun geht der Weg links in den Wald und für ca. 15 Minuten steil bergauf. Unter der Felskante dem Wegweiser nach „Nofels/Auf der Egg“ folgen.

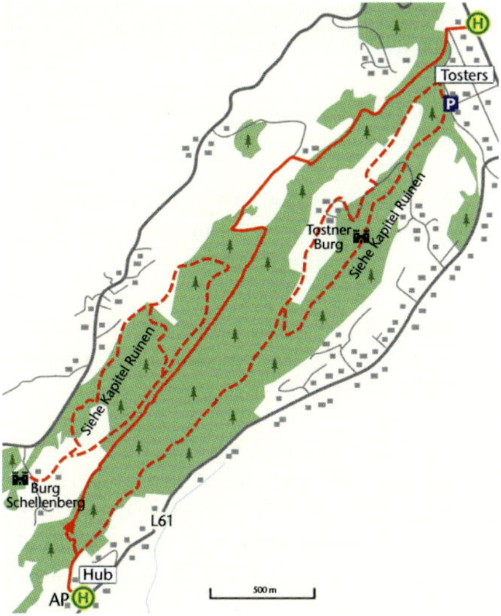

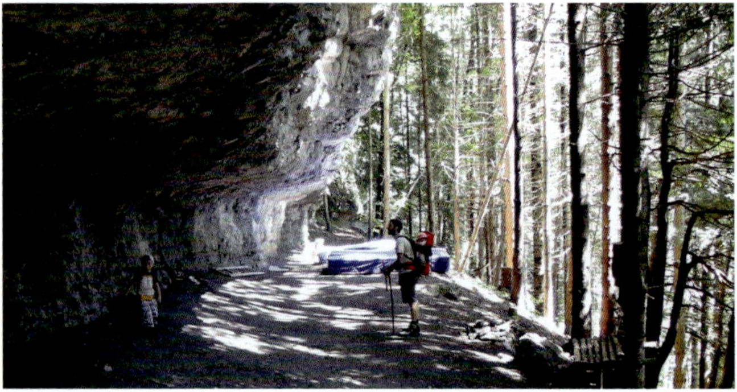

Nun geht's für ein längeres Stück unter dieser spannenden Felskante entlang.

Am Ende dieses Abschnittes kommt man auf eine Lichtung, dort gleich wieder links in den Wald und dem Wegweiser ab nun immer Richtung „Nofels“ folgen.

Beim Wegweiser „Schüttenacker“ führt die Strecke direkt über den Vorplatz eines Hauses und danach in einigen Stufen wieder in den Wald hinein.

Am Ende dieses Weges links halten. Der Schotterweg mündet in die asphaltierte Wolfgangstraße, diese queren und Richtung Fitness-Center gehen. Vor dem Center rechts in die Steinbruchgasse einbiegen und dieser entlang bis zur Hauptstraße (Illstraße) folgen. Dort befindet sich rechter Hand die Bushaltestelle „Steinbruchgasse“, die Linie 2 fährt zurück zum Bahnhof und Ausgangspunkt.

28 Stadtschrofen (603 m)

Feldkirch: tibetanisches Kloster und Aussichtsplatz

si

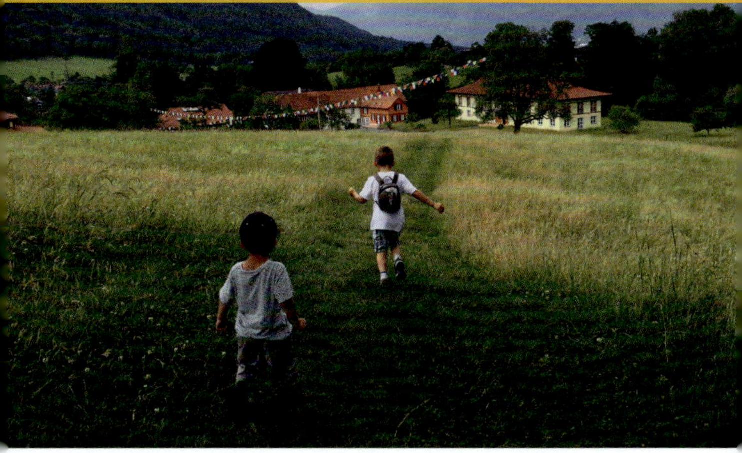

Diese kurze Wanderung führt aus der Stadt ins idyllische Maria Grün. Der Weg ist für Kinder abwechslungsreich, da es im Reichenfeld einen Spielplatz gibt und ein kleines Rinnsal bei der Duxgasse. Das Ziel ist ein schöner Aussichtspunkt über Feldkirch und am Rückweg befindet sich ein buddhistisches Kloster, bei dem man bei Voranmeldung auch einkehren kann.

Wetter: Anforderung: Gesamtdauer: 1 ½ h

Anforderung:	Leicht; ca. 170 Hm; ca. 10 Min. steil; vorwiegend Wald- und Schotterweg.
Dauer:	RW: 1 ½ h; ca. 3,5 km.
Wetter:	Jedes Wanderwetter, bei Nässe aufpassen, da rutschig.

Kindergarten-kinder:	Gut geeignet, da abwechlungsreich, siehe oben angeführte Beschreibung. Vom lebendigen Leben in der Stadt taucht man hier in die Ruhe der Natur ein.
Volksschulkinder:	Sehr empfehlenswert, nettes Nahziel von Feldkirch.
Ab 10 Jahren:	Empfehlenswert für kurze Ausflüge in die Natur.

Navi: 6800 Feldkirch, Graf-Hugo-Wuhrgang.

Anfahrt: A14, Ausfahrt Feldkirch Frastanz oder Feldkirch Nord, Richtung Feldkirch Stadtmitte, bei der Bärenkreuzung Richtung Schweiz fahren, nach der Brücke beim Landesgericht links abbiegen in die Reichenfeld-Tiefgarage (gebührenpflichtig).

Bus/Bahn: Linie 1, 11, 14, 60, Hst. Landesgericht/ Schulzentrum.

Ausgangspunkt: Tiefgarage Reichenfeld oder bei der Bushaltestelle Schulzentrum (nach dem Schulzentrum gleich in die Duxgasse einbiegen).

Infos/Gaststätten: *Buddhistisches Kloster Letzehof, Im Buchholz 26, 6800 Feldkirch, Tel. +43 720 510880, www.rabten.eu, Tashi Rabten; das Kloster kann besucht werden, es gibt eine Bücherei, bitte Öffnungszeiten auf der Homepage nachschauen, bei Rücksprache mit dem Koch kann auch mitgegessen werden. Es gibt auch Führungen, Meditation, Unterricht usw. Die Stupa wurde 1987 auf der Letze gebaut, nähere Infos über die Stupa findet man auf der Homepage.

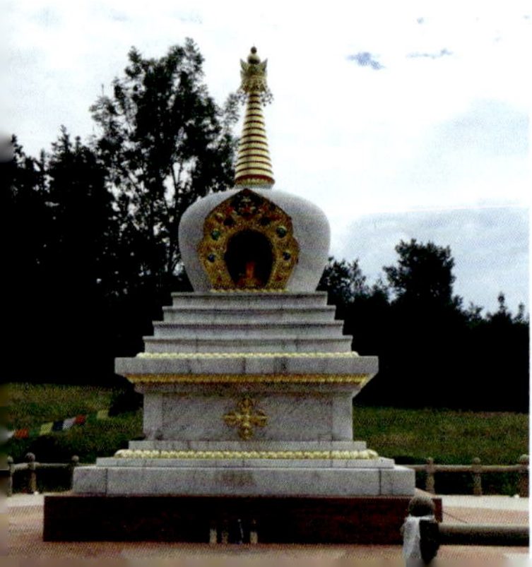

Wegbeschreibung: Achtung! Hier gibt es unterschiedliche Ausgangspunkte, je nachdem, ob man mit Bus oder Auto anreist. Die Wegzeiten bleiben in etwa gleich. Mit Bus nach dem Schulzentrum gleich in die Duxgasse einbiegen. Mit Auto von der Tiefgarage über den Spielplatz gehen und bei einem Pavillon geradeaus dem Weg über die Wiese folgen. Danach links in die steil aufwärts führende Duxgasse

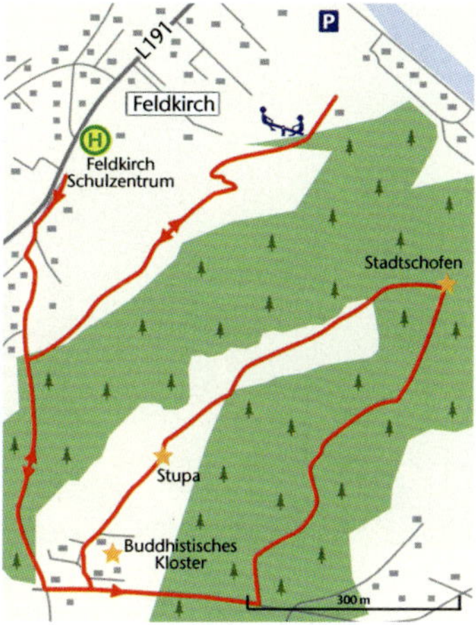

einbiegen und bis zum Ende laufen. Oben angekommen führt der Weg links am Letztehof vorbei bis zum nächsten Wegweiser. Diesem Richtung „Stadtschrofen" folgen (15 Min.). Beim Aussichtspunkt angelangt hat man einen schönen Blick über die Altstadt von Feldkirch bis nach Gisingen, Altenstadt und weiter. Wenn man sich dann nach links wendet, sieht man einen schmalen Weg zuerst leicht aufwärts durch den Wald wegführen. Das ist der Rückweg, der dann später abwärts über eine Wiese und an der Stupa vorbeiführt. Nach der Durchquerung des Klosters rechts in die Duxgasse und auf bekanntem Weg zurück zum Ausgangspunkt.

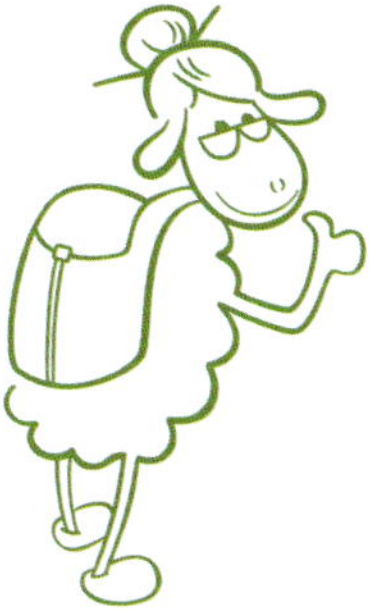

Aus der Wandertrickkiste:
Die Kinder geben ein Tier vor und dann bewegen sich alle wie dieses Tier fort (z. B. stampfend wie ein Elefant oder einen Rüssel machend).

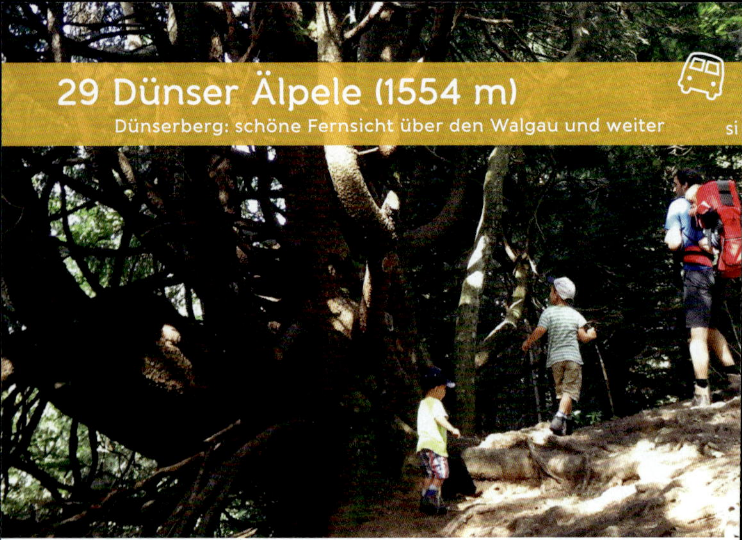

29 Dünser Älpele (1554 m)

Dünserberg: schöne Fernsicht über den Walgau und weiter

Die Wanderung führt von der Bergstation zum Sender hinauf. Auf der Runde sind immer wieder Tafeln mit Geschichten und lustigen Zeichnungen. Der Weg befindet sich auf der Sonnenseite des Walgaus und daher im Frühling und Herbst oberhalb der Nebelgrenze. Hinweis: Früh dort sein, sonst sind die Wartezeiten bei der Bahn sehr lange. Die Seilbahn hat eine sehr nette Geschichte, weil sie anders als andere ursprünglich nicht für den Tourismus gebaut wurde, sondern, um die Abwanderung vom Schnifner Berg zu stoppen.

Wetter: ◐ Anforderung: ● Gesamtdauer: 2 h

Anforderung:	Mittel; 250 Hm; Wurzel- und Feldweg.
Dauer:	Eine Strecke bis zum Sender: ca. ¾ h; 1,2 km. Der gesamte Rundweg dauert 1 ½ – 2 h.
Wetter:	Nur schönes Bergwetter.

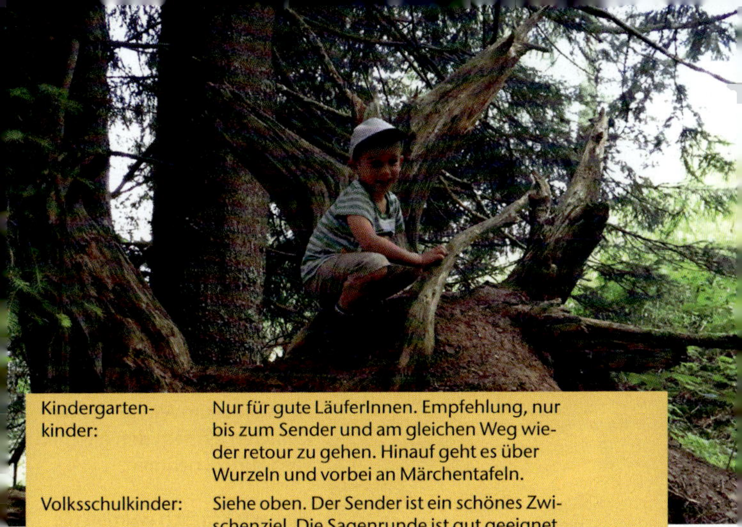

Kindergarten-kinder:	Nur für gute LäuferInnen. Empfehlung, nur bis zum Sender und am gleichen Weg wieder retour zu gehen. Hinauf geht es über Wurzeln und vorbei an Märchentafeln.
Volksschulkinder:	Siehe oben. Der Sender ist ein schönes Zwischenziel. Die Sagenrunde ist gut geeignet.
Ab 10 Jahren:	Ab diesem Alter ist der gesamte Rundweg empfehlenswert.

Navi: 6822 Schnifis, Jagdbergstraße.

Anfahrt: A14, Autobahnausfahrt Frastanz, Richtung Satteins, bei der Tankstelle links Richtung Dorfmitte (Satteins) abbiegen, kurz vor der Kirche rechts Richtung Röns, durch Röns und Schnifis durchfahren, die Seilbahn auf der linken Seite ist angeschrieben. Wenige Parkplätze vorhanden. Hinweis: Die nostalgische Gondel bietet Platz für max. 5 Personen. Bei Schönwetter evtl. lange Wartezeiten, besser früh dort sein.

Bus/Bahn: Schnifis Seilbahn, Linie 75, 75a.

Ausgangspunkt: Parkplatz Seilbahn Schnifis.

Infos/Gaststätten: *Schnifner Bähnle , Öffnungszeiten auf der Homepage beachten, den größten Ansturm gibt es meistens zw. 10 und 12 h, daher am besten früher dran sein, www.seilbahn-schnifis.at, Richtpreis: Erwachsene € 12, Kinder € 6, Familientarife ab 2 Kinder und V-Card gültig. Richtpreis Parkgebühr € 3/Tag. *Henslerstüble bei der Bergstation der Bahn, Tel. +43 664 876 00 34, www.henslerstueble.at. *Dünser Älpele beim Sendeturm, kinderfreundlich, Tel. +43 664 14 11 842, www.dünser-älpele.at, Ruhetag: Mo.

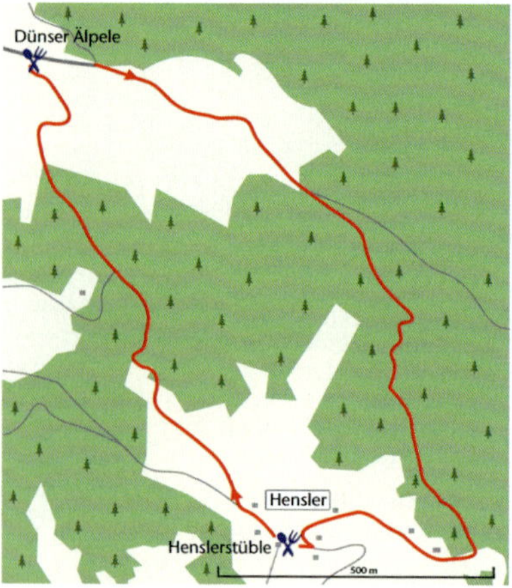

Wegbeschreibung: Bei der Bergstation links abbiegen und dem Wegweiser „Älpele/Sender ½ Std“ folgen. Nach der Wiese geht der Weg in einen verwurzelten Waldweg über. Immer wieder sind Tafeln mit Sagen aufgestellt. Nach dem Wald geht es nochmals ca. 15 Minuten über eine Wiese zum Sendeturm und zum Älpele. Mit den kleineren Kindern den gleichen Weg zurück nehmen.

Hinweis: Kürzlich wurden die Tafeln ausgetauscht und die Wegführung geändert. Aufgrund der Covid-19-Pandemie konnten wir die neue Wegführung nicht mehr überprüfen, lt. telefonischer Auskunft ist die Sagenrunde beim Dünser Älpele jedoch gut ausgeschildert.

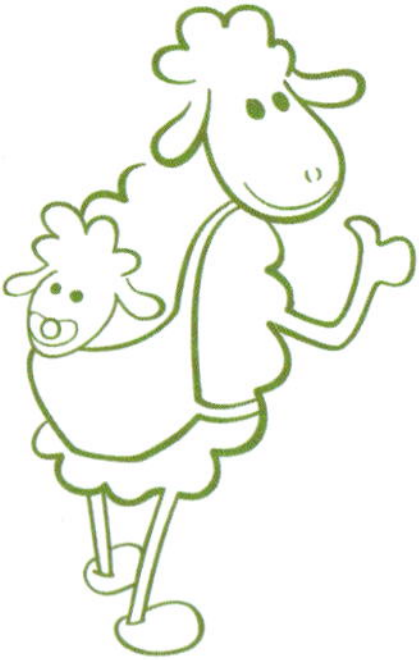

Aus der Wandertrickkiste:
Blumen am Wegrand sammeln und einen Kopfschmuck oder Ketten daraus basteln.

30 Laurentiusweg (657 m)

Schnifis: auf den Spuren von Laurentius von Schnüffis

si

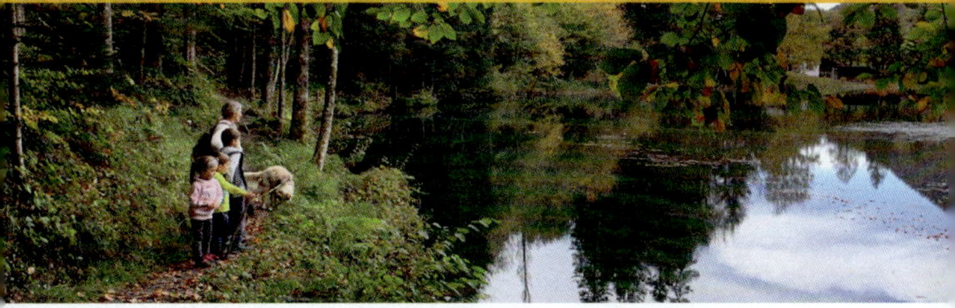

Laurentius von Schnüffis war ein bedeutender Dichter und Liedmeister des Barock, der in Schnifis geboren wurde und später zuerst als Komödiant, dann als Priester umherreiste. Am Laurentiusweg gibt es Einblicke und interessante Informationen über sein Leben. Für Kinder wurde ein Aufgabenheft entworfen und bei der Seilbahn Schnifis kann kostenlos ein Rucksack mit Fernglas, Maultrommel, Holzbuchstaben etc. ausgeliehen werden. Obwohl ca. ein Drittel des Weges durch das Dorf führt, haben unsere Kinder immer wieder etwas entdeckt. Während der Runde laden „Bänkle" zum Sitzen, Innehalten und Lauschen ein, denn bei jeder ist ein QR-Code angebracht, mit dem über das Handy Lieder abgespielt werden können. Für Kinder sind diese jedoch eher langweilig. Fast während des gesamten Weges hat man schöne Ausblicke in den Walgau.

Wetter: Anforderung: Gesamtdauer: 1 h

Anforderung: Leicht; 60 Hm; ein kurzes steiles Teilstück, Asphalt- und Schotterstraße, Wald- und Wiesenwege.

Dauer: RW: 1 h, jedoch etwas mehr Zeit für die Verweilpausen einplanen; 2,6 km.

Wetter: Für jedes trockene Wetter, auch bei geringer Schneelage geeignet, wenig Schatten.

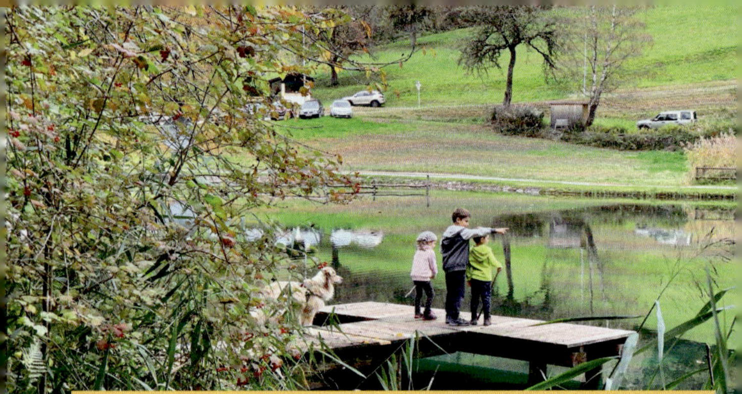

Kindergartenkinder:	Die Runde ist für die kleinen LäuferInnen sehr gut geeignet, da es bei jeder Station ein „Bänkle“ zum Rasten gibt. Nach der Runde im Dorf befindet sich ein schöner Spielplatz und eine Station weiter lädt nach einem etwas steilen Anstieg ein Blockhüsle mit schöner Aussicht zum Verweilen und Jausnen ein. Plantschmöglichkeiten gibt es bei der Wassertrete und im See.
Volksschulkinder:	Siehe oben.
Ab 10 Jahren:	Netter Spaziergang für zwischendurch.

Navi: 6822 Schnifis, Jagdbergstraße 200.

Anfahrt: A14, Abfahrt Frastanz, Richtung Satteins fahren, in Satteins Richtung Röns, durch Röns durchfahren und in Schnifis befinden sich am Ende des Dorfes die Seilbahn und der Parkplatz.

Bus/Bahn: Linie 75 a, Hst. Schnifis Seilbahn.

Ausgangspunkt/P: Gebührenpflichtiger Parkplatz Schnifis Seilbahn, Richtpreis € 3/Tag.

Infos/Gaststätten: *Keine Gaststätte direkt am Weg, im Dorf gibt es das Gasthaus Krone in der Jagdbergstraße 6. *In der Sennerei Schnifis, Jagdbergstraße 84 kann man während der Betriebszeiten regionale Käsespezialitäten, z.B. auch den Laurentiuskäse einkaufen, www.sennerei-schnifis.at. *Bei der Seilbahn Schnifis können während der Betriebszeiten kostenlos Rucksäcke mit Wegplan, Informationsbroschüre, Fernglas, Maultrommel usw. ausgeliehen werden, www.seilbahn-schnifis.at, Hinweis: Während der Wandersaison ist montags Ruhetag, bitte jedoch für die detaillierten Betriebszeiten auf der Homepage nachsehen.

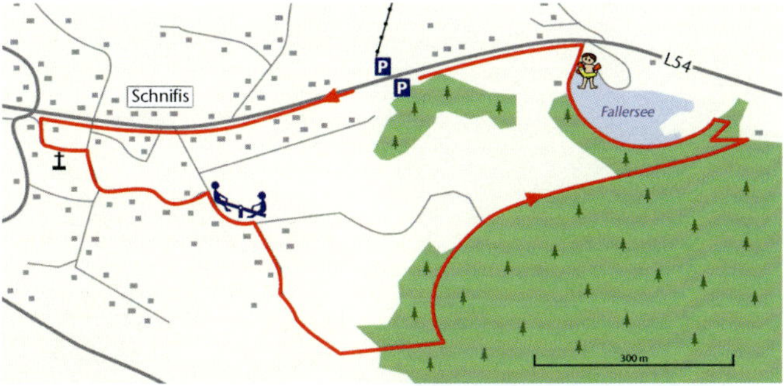

Wegbeschreibung: Beim Ausgangspunkt führt der Weg rechts am Gehsteig Richtung Dorf, vorbei am Gemeindeamt bis zum achteckigen Brunnen gegenüber der Kirche mit dem ersten „Bänkle". Anschließend noch ein Stück geradeaus, dann auf dem Zebrastreifen die Straßenseite wechseln und direkt in Verlängerung des Zebrastreifens in die Sackgasse weitergehen. Die nächste Station (Nr. 3), die Brunnenskulptur ist gleich zu sehen. Danach führt der Weg direkt über den Friedhof, vorbei am Pfarrheim in die Schulgasse. Bei der Schule befindet sich die nächste Station (Nr. 4). Von hier geht es leicht abwärts auf einem schmalen Fußpfad aus dem Dorf hinaus zum Spielplatz (Nr. 5). Am Ende des Spielplatzes gibt es einen Brunnen. Eine Straße geht rechts weg, dieser solange folgen, bis der Asphalt aufhört: Hier verläuft links ein Wiesenweg den steilen Hang hinauf. Oben befindet sich das Blockhüsle (Nr. 6), etwas unterhalb ein Bänkle. Wenn man durch das Blockhüsle durchgeht, sieht man auf der anderen Seite den weiteren Weg, der später zur Forststraße wird. Unten angelangt ist Station Nr. 7. Weiter geht's am Waldrand entlang bis zur Hackschnitzelanlage. Kurz davor links in den steilen Waldweg abbiegen und hinunter zur Wassertrete (Nr. 8). Der Pfad führt links am See entlang. Hier kommt man an einem „Flüsterspiegel" vorbei. Bei der Hauptstraße links und auf dem Gehweg zurück zum Ausgangspunkt.

31 Mengschlucht (530 m)

Nenzing: schöne und aufregende Schlucht

si

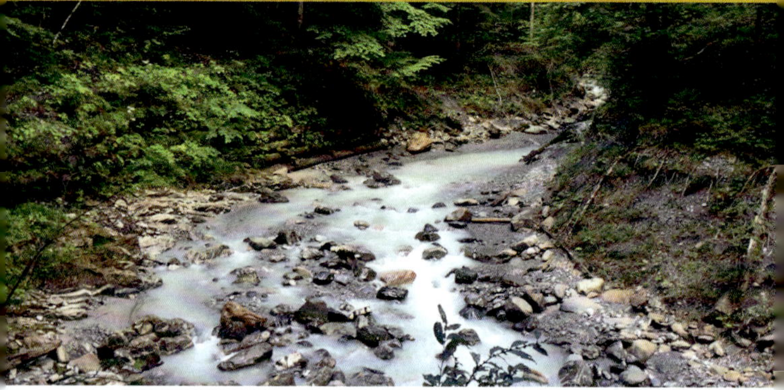

Das ist eine aufregende und abenteuerliche Wanderung. Sie führt auf schmalen Wegen meist einige Meter oberhalb der Meng. Gerade im Sommer ist das eine nette Alternative, weil es angenehm kühl ist. Vorbei geht es auch an einem Pferdehof, einem außergewöhnlichen Campingplatz mit bekanntem Restaurant und an einer Wildholz-Rechensperre. Zu Beginn und am Ende der Klamm sind Wassertreten. Das Rauschen des Wildbaches ist für viele sehr entspannend.

Wetter: Anforderung: Gesamtdauer: 2 h

Anforderung:	Schwer; ca.170 Hm; ca. ⅔ mäßig steil, ⅓ des Weges steil und abschüssig, deshalb Kinder sichern und nicht unbeaufsichtigt lassen.
Dauer:	RW: Ca. 2 h; 5 km.
Wetter:	Schönes Wander- und heißes Sommerwetter. In der Klamm ist es kühl, großteils schattig.

Kindergartenkinder:	In diesem Alter nur für sehr gute LäuferInnen geeignet. Kinder bei den abschüssigen Stellen sichern!
Volksschulkinder:	Sehr gut geeignet. Tafeln informieren über das Flößen des Holzes aus dem Gamperdonatal und über die Funktion der Wildholz-Rechensperre. Dort gibt es auch die Möglichkeit, am Wasser zu spielen und Dämme zu bauen.
Ab 10 Jahren:	Sehr gut geeignet, s. o.

Navi: 6710 Nenzing, Ramschwagsaal, Landstraße 1.

Anfahrt: Autobahnausfahrt Nenzing, Richtung Nenzing Zentrum, Parkmöglichkeiten beim Ramschwagsaal.

Bus/Bahn: Linie 76, Hst. Nenzing Gemeindeamt.

Ausgangspunkt: Parkmöglichkeit beim P Ramschwagsaal (Veranstaltungssaal).

Infos/Gaststätten: *Restaurant Garfrenga am Campingplatz, Tel. +43 5525 624910, www.alpencamping.at, Öffnungszeiten siehe Homepage. *Weitere Gaststätten im Dorf.

Wegbeschreibung: Vom Ausgangspunkt den Fußweg am Kanal entlang leicht aufwärts nehmen. Dieser Fußweg geht dann in eine Straße (Am Kanal) über. Danach immer auf dieser Seite bleiben, vorbei an der Agrargemeinschaft Nenzing. Bei einem privaten Weiher mündet der Weg in einen schmalen Pfad, der nur kurz auf eine andere Schotterstraße führt. Dort wieder rechts gehen, vorbei am Pferdestall, bis die Schotterstraße in einen schmalen Pfad übergeht. Schilder weisen

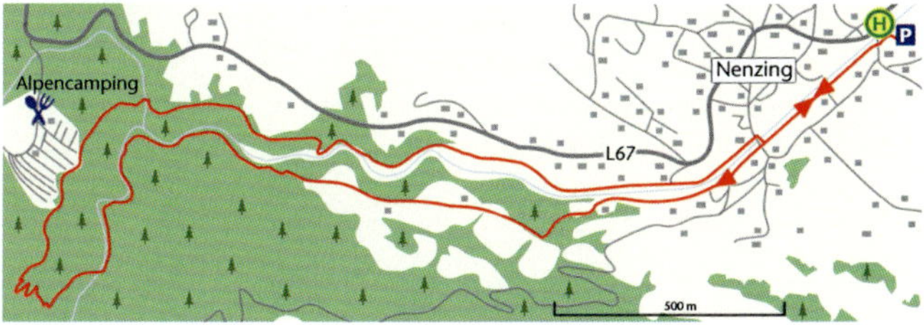

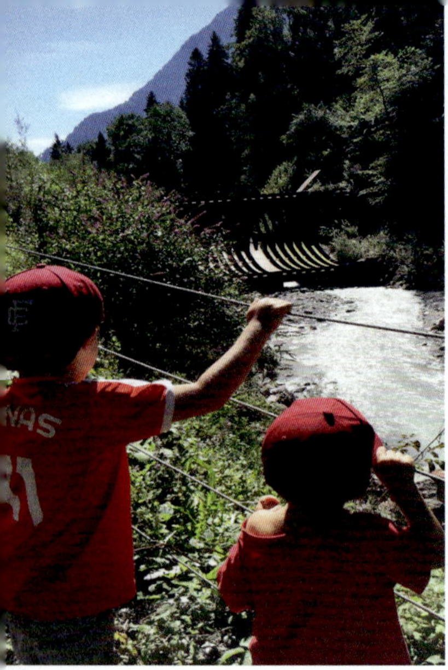

darauf hin, dass das Betreten auf eigene Gefahr erfolgt. Wir empfehlen, Kinder bei den abschüssigen Stellen an der Hand zu führen und auch die Größeren im Auge zu behalten. Nach einer Brücke dem Weg Richtung „Gafrenga" steil aufwärts folgen. Beim nächsten Wegweiser rechts Richtung Nenzing halten. Es geht nun am Rande des Campingplatzes vorbei und wieder zurück zum Anfang der Mengschlucht. Bei der Brücke am Ende des Weges rechts halten, dann wieder „Am Kanal" zurück zum Parkplatz.

Aus der Wandertrickkiste:
Reime-Spiel: Jeder beginnt einen Satz und die anderen müssen munter dazu reimen. Vielleicht etwas einbauen, was auf dem Weg weiter vorne sichtbar wird, und dann reimend dort hinlaufen.

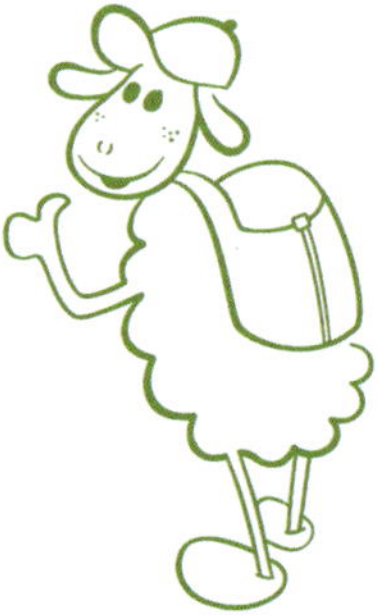

32 Bürser Schlucht (730 m)

Bürs: Naturdenkmal entlang des Alvier-Baches

si

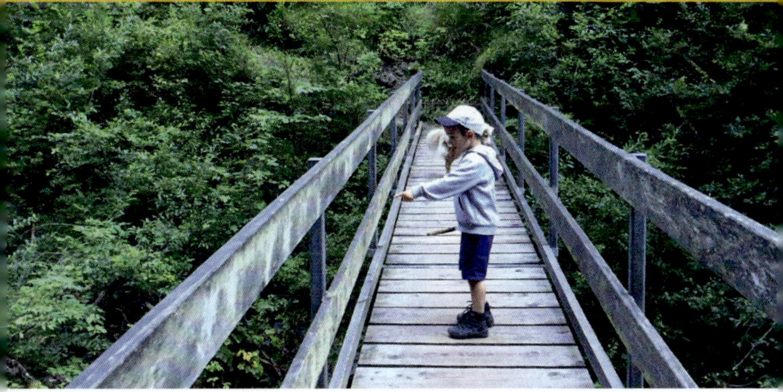

Diese schöne Schlucht bietet viel Abwechslung für Kinder und Erwachsene. Es geht über Brücken und durch enge Felsformationen. Tafeln weisen auf geologische Besonderheiten hin. Einen Zugang zum Wasser und damit auch zum Spielen und Dämmebauen gibt es jedoch nur bei der Hälfte der Wanderung. Dafür kann hier am Bachbett sogar gegrillt werden. Am Rückweg gibt es noch die Felsformation „Kuhloch" zu bestaunen.

Wetter: Anforderung: Gesamtdauer: 2 h

Anforderung:	Mittel; ca. 200 Hm; wenige steile Teilstücke; Wald- und Wurzelwege.
Dauer:	RW: 2 h; 4,6km.
Wetter:	Trockenes Wanderwetter, bei Nässe rutschig, größtenteils schattig.

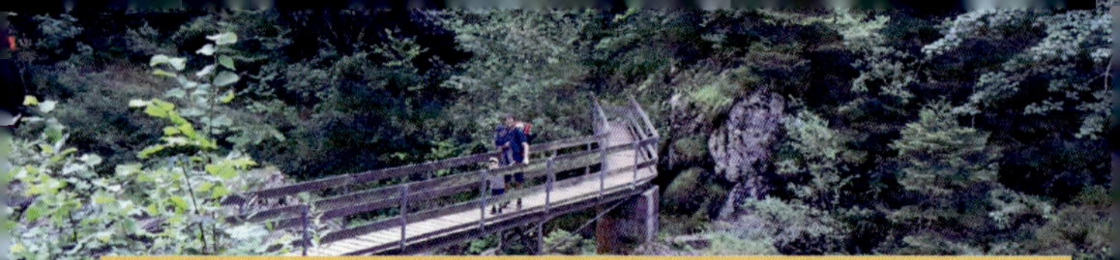

Kindergarten-kinder:	Ab ca. 5 Jahren gut geeignet, spannende Landschaft, Spielmöglichkeit am Bach bei ca. der Hälfte der Wanderung.
Volksschulkinder:	Siehe oben.
Ab 10 Jahren:	Sehr gut geeignet, gerade, wenn die Kinder das Thema „Erdzeitalter" in der Schule durchnehmen. Die Tafeln geben gute Einblicke.

Navi: 6700 Bürs, Im Lug.

Anfahrt: A14, Autobahnausfahrt Bludenz/Bürs, Richtung Bürs fahren, nach einer Rechtskurve ist an der linken Seite „Bürser Schlucht" angeschrieben.

Bus/Bahn: Linie 81, Haltestelle Gasthaus Adler in Bürs.

Ausgangspunkt: Parkplatz Elektrizitätswerk Lug.

Infos/Gaststätten: *Keine Gaststätte am Weg, Proviant mitnehmen. *Infos zur Schlucht unter www.vorarlberg-alpenregion.at/de/buers/info/buerser-schlucht.html.

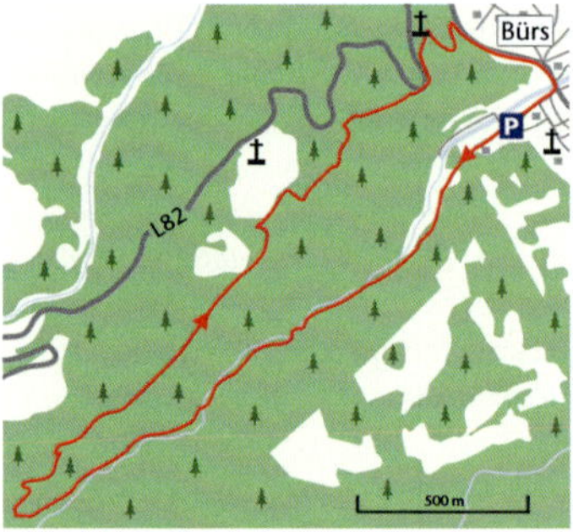

Wegbeschreibung: Vom Ausgangspunkt vorbei am Elektrizitätswerk. Gleich dahinter beginnt die Bürser Schlucht. Der gesamte Weg ist gut beschildert und recht abwechslungsreich. Ein direkter Zugang zum Bach ist jedoch erst bei der Hälfte des Weges möglich. Hier gibt es einen schönen Platz zum Grillen und Jausnen. Danach geht es steil aufwärts und auf nun breitem Weg am Waldrand Richtung Bürs weiter. Später gibt es noch eine Bodenspalte, das Kuhloch, eine Felsformation bzw. trockene Klamm zu bewundern. Über einen kleinen Waldweg kommt man zurück nach Bürs.

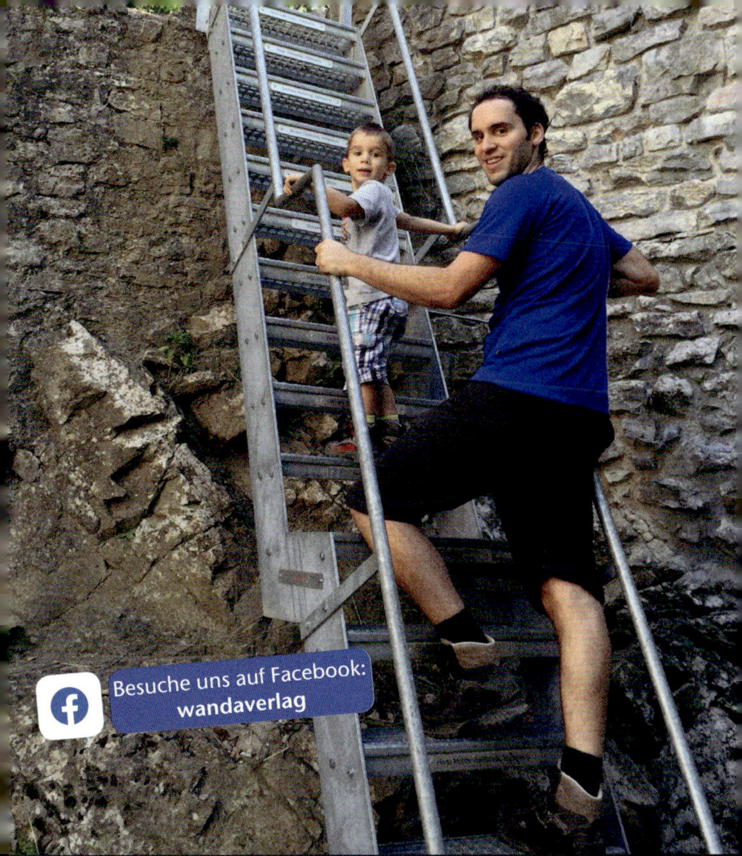

IV. Ruinen im Rheintal und Walgau

33 Gebhardsberg (530 m)

Bregenz: Känzeleweg entlang der Bergkante

si

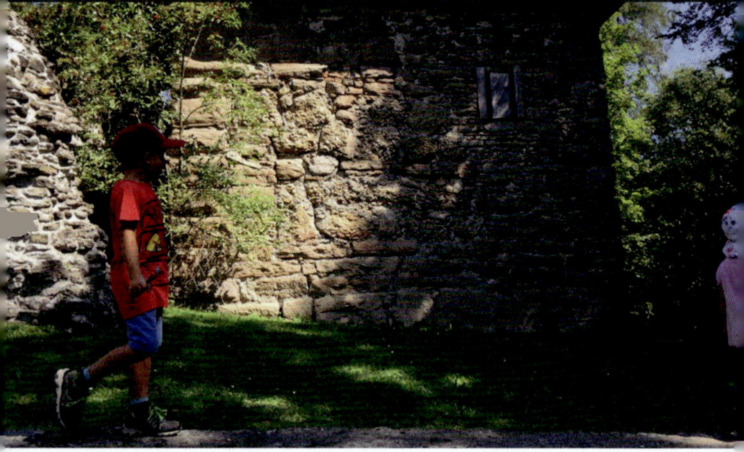

Das Besondere hier sind die unendlich vielen Wurzeln am Weg. Das macht die Wanderung abwechslungsreich, Kinder lieben es meistens, darüber zu kraxeln. Gleichzeitig ist das eine perfekte Gelegenheit, um Koordination und Trittsicherheit zu schulen. Hin und wieder sind am Wegrand einzelne Schnitzfiguren und das Ziel ist ein schöner Aussichtsplatz mit Blick über das ganze Rheintal. Beim Ausgangspunkt befindet sich eine schöne Ruine.

Wetter: | Anforderung: | Gesamtdauer: 1 ½ h

Anforderung: Mittel; ca. 160 Hm; kurze steile Teilstücke.
Dauer: RW: 1 ½ h; 3,3 km.
Wetter: Trockenes Wanderwetter, größtenteils schattig.

Kindergartenkinder:	Gut geeignet, das Laufen über die Baumwurzeln ist für viele Kinder spannend.
Volksschulkinder:	Gut geeignet, s.o.
Ab 10 Jahren:	Nette, kurze Wanderung zum Füße-Vertreten.

Navi: 6900 Bregenz, Gebhardsberg 1.

Anfahrt: Autobahnausfahrt Bregenz Weiden, dann Richtung Bregenz und danach rechts Richtung Gebhardsberg abbiegen.

Bus/Bahn: Linie 12C, Hst. Abzweigung Gebhardsberg, dann ca. 10 min Gehweg.

Ausgangspunkt: Großer Parkplatz Gebhardsberg.

Infos/Gaststätten: *Beim Ausgangspunkt befindet sich das Burgrestaurant Gebhardsberg, ein gehobenes Gasthaus, Tel. +43 5574 42515, www.greber.cc.

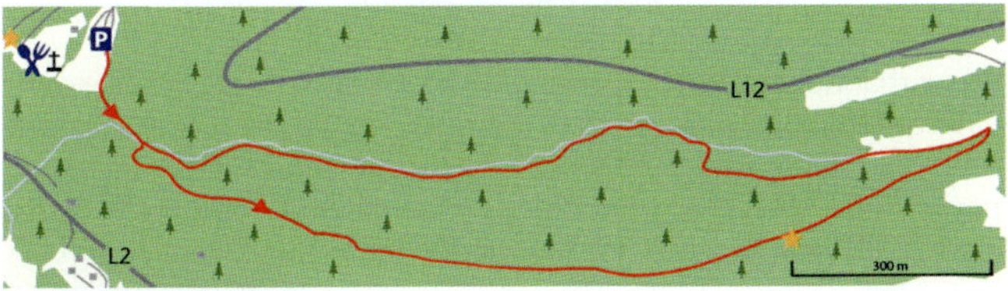

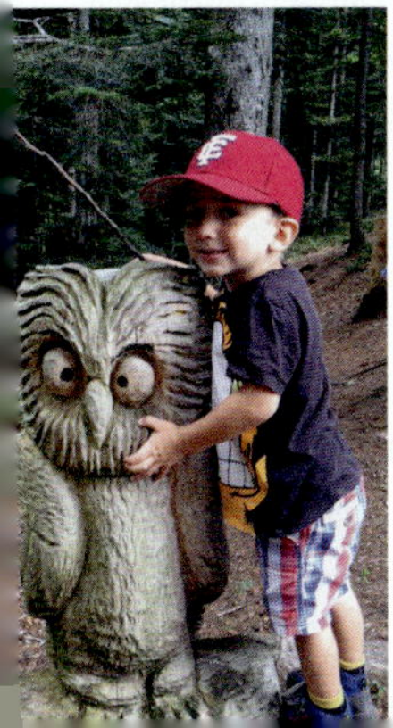

Wegbeschreibung: Vom Parkplatz führt der Wanderweg links vom Gasthaus (Wegweiser: „Känzele“) bald einmal in den Wald hinein. Nach kurzer Zeit gibt es nochmals eine Abzweigung Richtung Känzele (weiß-rot-weiß). Bitte beim Wurzelweg darauf achten, dass die Kinder nicht zu nahe an der Bergkante laufen bzw. an der Hand nehmen!! Nach ca. einer halben Stunde ist der Aussichtspunkt erreicht . Hier laden Bänkle zum Verweilen ein. Für den Rundweg nun immer den Wegweisern Richtung Gebhardsberg folgen.

34 Ruine Alt-Ems (740 m)

Hohenems: spannende Ruinenwanderung

si

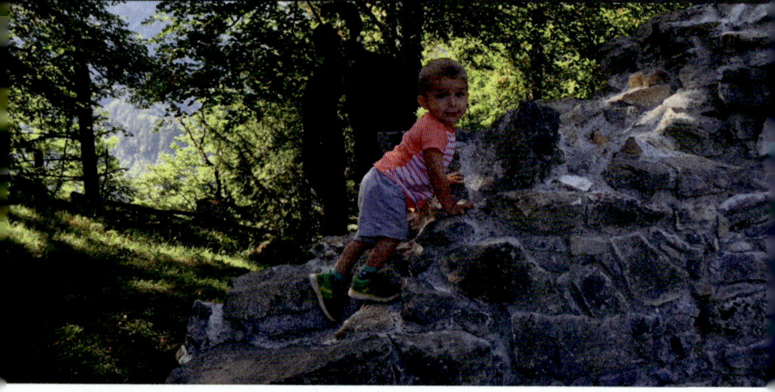

Die vorhandenen Mauern der Ruine Alt-Ems sind Überreste einer der einst größten Burganlagen Mitteleuropas. Für Kinder ist es interessant den sogenannten „Zick-Zackweg" vorzulaufen und auf die langsam nachkommenden Eltern hinunter zu schauen. Auch die Ruine selbst ist interessant zu erforschen. Immer wieder gibt es Kunstausstellungen. So wurde z.B. einmal ein 600 m langer Schal gestrickt, der von der Burg bis hinunter ins Tal ging, oder mehrere Schaukeln aufgestellt, die Kinder wie Erwachsene zum Staunen und Ausprobieren einluden.

Wetter: ◐ Anforderung: ● Gesamtdauer: 1 ¾ h

Anforderung:	Schwierig; ca. 180 Hm; teils sehr steil; Wurzelwege und grober Schotter erfordern gutes Schuhwerk.
Dauer:	RW: 1 ¾ h; ca. 3,5 km.
Wetter:	Trockenes Wanderwetter, da es steil im Wald aufwärts geht, ca. zur Hälfte im Schatten.

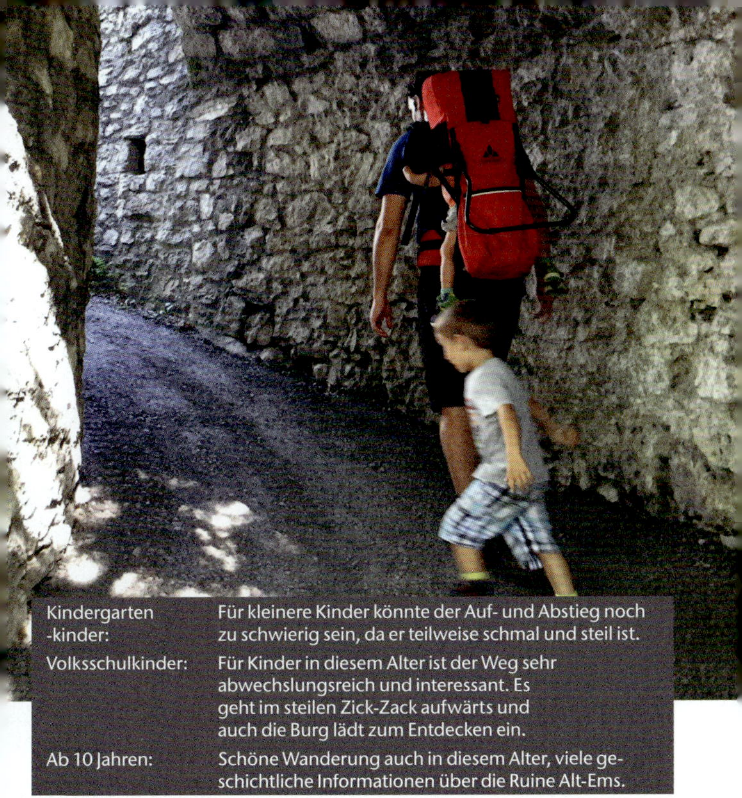

Kindergarten -kinder:	Für kleinere Kinder könnte der Auf- und Abstieg noch zu schwierig sein, da er teilweise schmal und steil ist.
Volksschulkinder:	Für Kinder in diesem Alter ist der Weg sehr abwechslungsreich und interessant. Es geht im steilen Zick-Zack aufwärts und auch die Burg lädt zum Entdecken ein.
Ab 10 Jahren:	Schöne Wanderung auch in diesem Alter, viele geschichtliche Informationen über die Ruine Alt-Ems.

Navi: 6845 Hohenems, Schlossbergstraße.

Anfahrt: Autobahnausfahrt Hohenemes, bei den zwei Kreisverkehren Richtung Dornbirn/Hohenems Zentrum halten. Immer Richtung Zentrum und danach Richtung Palast (gut beschildert). Vor dem Palast links und dann gleich rechts der Beschilderung Parkplatz Löwensaal/Palast folgen. Parkplätze sind hinter dem Torbogen zw. Palast und Pfarrkirche.

Bus/Bahn: Linie 53, 23a, Rheintals 303 (aus der Schweiz), Hst. Schlossplatz.

Ausgangspunkt: gebührenpflichtiger Parkplatz hinter dem Palast.

Infos/Gaststätten: *Keine Gaststätte bei der Ruine, daher ausreichend Proviant mitnehmen. *Infos zur Burg, den Kunstausstellungen und Veranstaltungen: www.alt-ems.at. *Palast Hohenems: Das herrschaftliche Haus wird noch von der Besitzerfamilie bewohnt und in einem Teil davon befindet sich ein beliebtes, sehr gemütliches Restaurant. Bekannt ist vor allem das „Ritteressen", das das Mittelalter erlebbar werden lässt, mit Zauberern, Musik u.v.m., Tel. +43 5576 77 888, www.palast.at. *Café Fenkart, hervorragende Schokolade in allen Variationen, die direkt vor Ort erzeugt wird, man kann auch Führungen buchen und bei der Schokoladenherstellung zusehen, Tel. +43 5557 72356, www.schokoladengenuss.at, Ruhetag Di.

Wegbeschreibung:

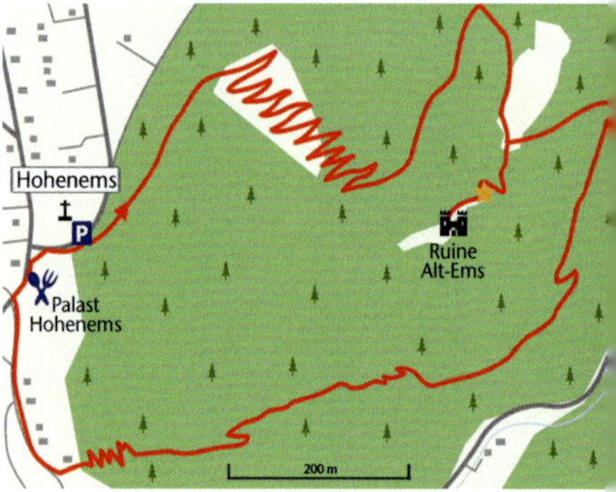

Beim Parkplatz befindet sich ein Wegweiser mit der lustigen Aufschrift „Zick-Zackweg Ruine Alt-Ems", diesem folgen. Am Ende des teilweise steilen Aufstiegs führt der Weg auf eine Wiese hinaus. Wenige Minuten danach ist die Ruine erreicht. Oben lässt es sich herrlich picknicken und auch das Erkunden der Ruine nimmt einige Zeit in Anspruch. Für den Abstieg empfehlen wir einen alternativen Weg. Dazu zuerst zurück zur Wiese laufen und unter dem Torbogen durch. Ab hier nun immer Richtung Hohenems Zentrum halten. Am Ende des Weges befindet sich eine kurze steile Stiege. Beim Wegweiser wieder Richtung „Zentrum" und „Schloss" zurück zum Ausgangspunkt gehen.

35 Ruine Neu-Montfort (450 m)

Götzis: mittelalterliche Höhenburg

si

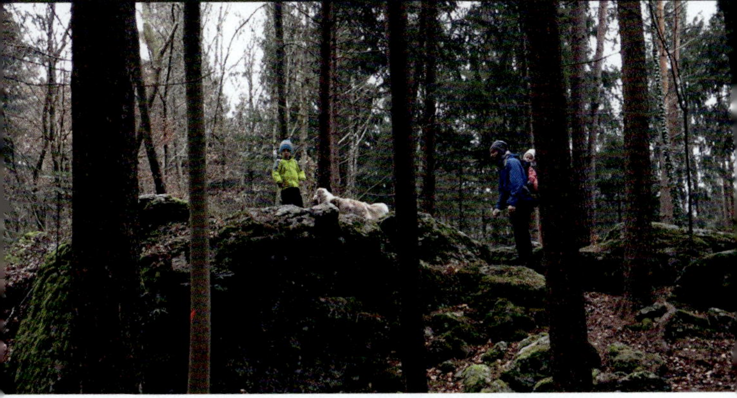

Die Burgruine Neu-Montfort ist eine einfach strukturierte Anlage und ein recht beliebtes Ausflugsziel. In der Nähe befindet sich die Örfla-Schlucht, beschrieben in unserem Kinderwagen-Wanderbuch. Die außergewöhnliche und gut erhaltene Burg besteht aus einem fünfstöckigen Wohnturm und feierte 2019 ihr 700jähriges Bestehen. Diese kurze Wanderung führt auf teils schmalen und steilen Wegen durch den Wald. Immer wieder gibt es schöne Plätze mit Ausblicken ins Rheintal.

Wetter: Anforderung: Gesamtdauer: 1 h

Anforderung:	Mittel; ca. 90 Hm; kurzes steiles Teilstück; Forstwege.
Dauer:	RW: 1 h; 1,8 km.
Wetter:	Trockenes Wanderwetter; ca. Hälfte im Schatten.

Kindergarten-kinder:	Aufgrund der Kürze des Weges gut geeignet.
Volksschulkinder:	Siehe oben.
Ab 10 Jahren:	Als Nahziel für zwischendurch immer gut geeignet.

Navi: Kirche St. Arbogast, 6840 Götzis, Montfortstraße 81.

Anfahrt: Autobahnausfahrt Götzis, Richtung Ortsmitte, danach der Beschilderung Richtung St. Arbogast folgen. Bei der Kirche St. Arbogast parken.

Bus/Bahn: Hst. St. Arbogast, Linie 60.

Ausgangspunkt: Parkplatz Kirche St. Arbogast.

Infos/Gaststätten: *Schützenwirtschaft am Ausgangspunkt der Wanderung, Tel. +43 5523 62201, Ruhetag Di.

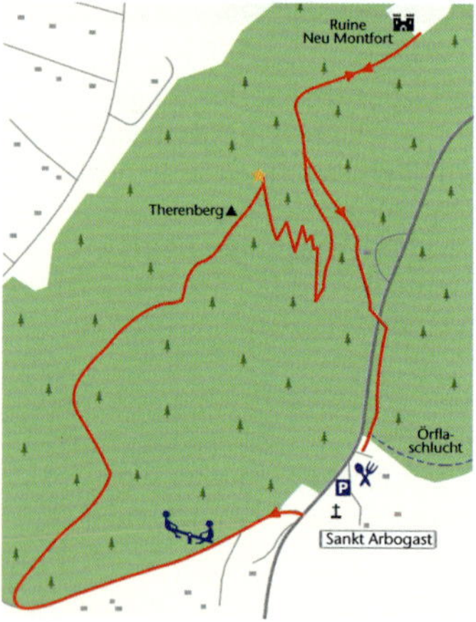

Wegbeschreibung: Gegenüber der Kirche startet am Waldrand der Weg Richtung Bildungshaus St. Arbogast. Kurz vor dem Bildungshaus führt ein Pfad in den Wald hinein und bei der ersten Abbiegung links halten. Zum Aussichtspunkt „Therenberg" geht's dann rechts den Berg hinauf. Nun führt die Strecke über einen abenteuerlichen, teils abschüssigen schmalen und eher steilen Wurzelweg hinunter bis zur Schotterstraße. Dort links zur Burg hinauf gehen. Nach dem Erkunden der Burg den gleichen Weg abwärts bis zur großen Straße nehmen. Die Straße überqueren und auf dem Gehweg (ca. 100 Meter) rechts zur Kirche bzw. zum Ausgangspunkt zurück laufen.

36 Ruine Wichenstein (477 m)

Kobelwald: spektakuläre Höhlenburg si

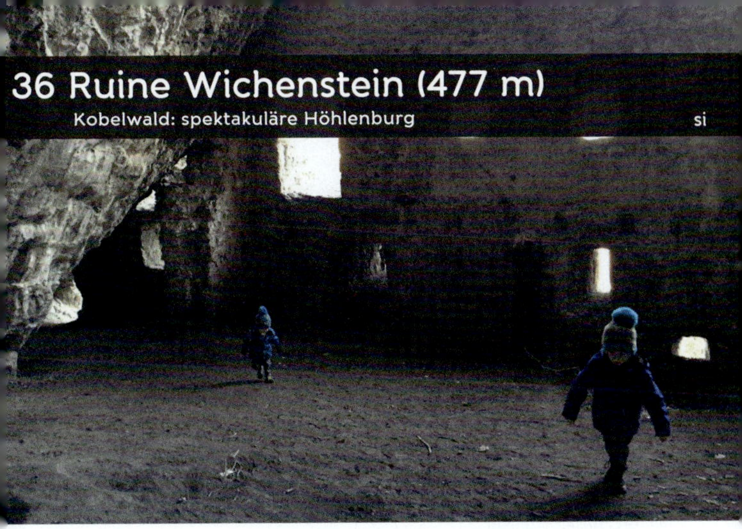

Die versteckte Höhlenburg ist ziemlich einzigartig. Hier wurde in die Felswand hinein eine Befestigung gebaut. Die vierstöckige Frontmauer ist noch immer gut erhalten. Der Eingang ist schmal und niedrig und drinnen befindet sich ein Raum im Felsen. Auch der Aufstieg unter einer Felskante ist interessant. Die Aussicht geht Richtung Norden ins Schweizer und ins Vorarlberger Rheintal. Der Weiher im Naturschutzgebiet Wichenstein ist für viele Wasservögel ein geeigneter Nist- und Brutplatz. Beim Parkplatz befindet sich auch eine Grillstelle (bitte Regeln der Gemeinde beachten!).

Wetter: Anforderung: Gesamtdauer: 1 h

Anforderung:	Mittel; 100 Hm; Teilstück zur Burg ist steil bzw. viele Treppen; Wald- und Schotterweg.
Dauer:	RW: 1 h; 2 km.
Wetter:	Geeignet für trockenes Wetter und heiße Tage, da die Burg nordseitig in den Felsen gebaut ist.

Kindergarten-kinder:	In diesem Alter ist die Umrundung des Weihers (viele Enten) meist ausreichend. Der Aufstieg zur Burg ist nur für trittsichere Kinder geeignet.
Volksschulkinder:	Sehr gut geeignet. Der Weg zur Burg hinauf ist spannend und auch die Entdeckung der Burg ist aufregend.
Ab 10 Jahren:	Sehr gut geeignet, s.o.

Navi: CH-9463 Oberriet, Kellenstraße.

Anfahrt: Zollamt Meiningen Richtung Oberriet, beim 1. Kreisverkehr rechts fahren, nach der Kirche links Richtung Kobelwald abbiegen. Vor dem Berg befindet sich auf der rechten Seite ein Parkplatz.

Bus/Bahn: Keine Verbindung von Vorarlberg in die Schweiz an dieser Grenze.

Ausgangspunkt: Parkplatz Kellenstraße.

Infos/Gaststätten: *Keine Gaststätten am Weg. *Gemeinde Oberriet, www.oberriet.ch/Freizeit/Kultur.

Wegbeschreibung: Vom Parkplatz führt der Weg am Fuße des Felsen und links am Weiher entlang. Im hinteren Bereich des Biotops zweigt links der beschilderte Weg zur Ruine ab. Nach ca. 15 Minuten Aufstieg erreicht man die Höhlenburg mit einer tollen Aussicht über das ganze Rheintal. Nach der Besichtigung der Ruine den gleichen Weg nach unten laufen. Danach links weiter und bei der ersten Möglichkeit nach rechts in den Feldweg einbiegen. Dieser mündet in eine wenig befahrene, asphaltierte Straße, die zurück zum Ausgangspunkt führt.

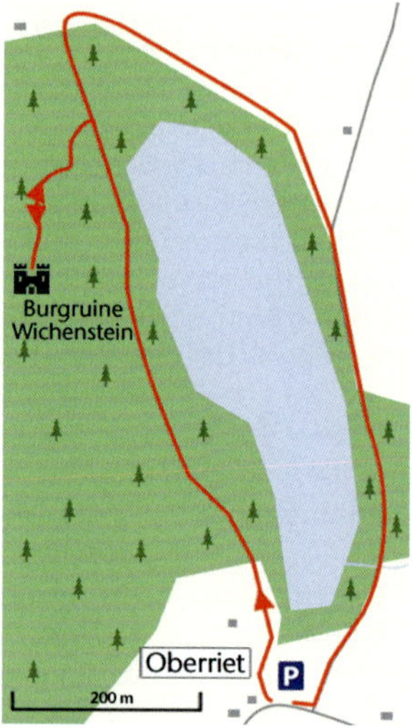

37 Schloss Blatten

Oberriet: eine Ruine mit Fitness-Parcours

si

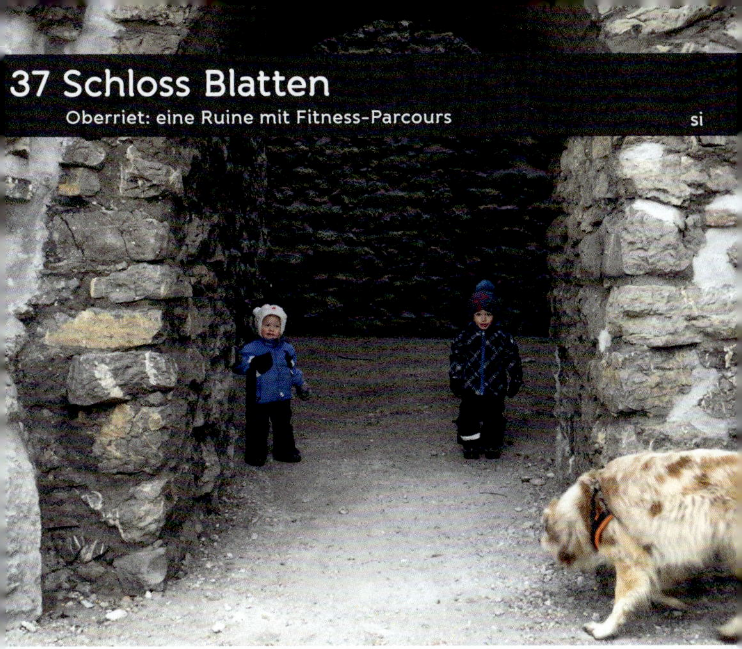

Hinweis: Bei dieser Wanderung ist die Wegführung nicht selbsterklärend, deshalb am besten den Schildern des Vita-Parcours folgen. Oder aber das Gelände selbst entdecken, denn immer wieder gibt es Hinweisschilder zum Schloss, die wieder Orientierung geben. Kinder lieben die schmalen, verschlungenen Pfade und die tollen Stationen. Bei der Burg befinden sich ein Spielplatz und eine Grillstelle.

Wetter: Anforderung: Gesamtdauer: 1 h

Anforderung:	Mittel; ca. 100 Hm; beim kurzen, steilen Teilstück auf die Kinder Acht geben, ansonsten Waldwege.
Dauer:	RW: 1 h; 2,5 km.

Wetter:	Trockenes Wanderwetter, kurzes Stück bei Nässe rutschig, der Weg liegt größtenteils im Schatten.

Kindergarten-kinder:	Gut geeignet, interessanter Vita-Parcours, kleiner Spielplatz bei der Burg.
Volksschulkinder:	Gut geeignet, s. o.
Ab 10 Jahren:	Gut geeignet.

Navi: CH-9463 Oberriet, Buckstraße.

Anfahrt: A14 Abfahrt Feldkirch Nord, Richtung Meiningen, über die Grenze in die Schweiz, gleich die 2. Straße links abbiegen (Schloss Blatten ist angeschrieben).

Bus/Bahn: Keine Verbindung von Österreich in die Schweiz an diesem Grenzübergang.

Ausgangspunkt/P: Parkplatz Buckstraße.

Infos/Gaststätten: * Neben der Burg befindet sich ein Gebäude, das vom Schiclub Oberrriet jeden Sonntag von April bis September bewirtschaftet wird.

Wegbeschreibung:
Vom Parkplatz zur Anfahrtsstraße gehen und dieser ein Stück bis zu den Treppen folgen. Nun die ca. 100 Stufen zur Burg hinauf. Oben befinden sich ein kleiner Spielplatz und eine Grillstelle. Mit Blick Richtung Burg geht der Weg links übers Feld leicht ansteigend und später in den Wald hinein. Dort befinden

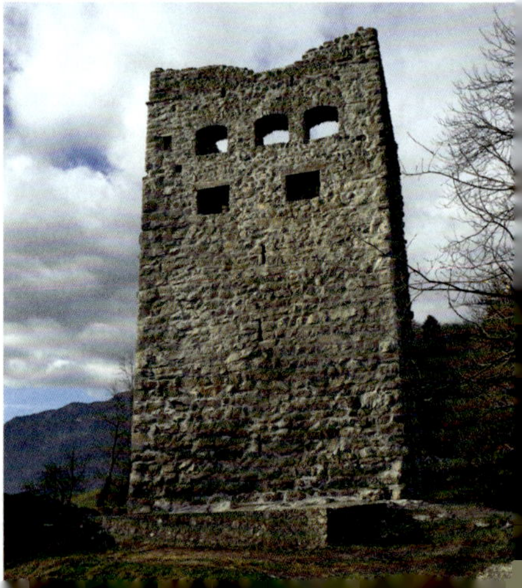

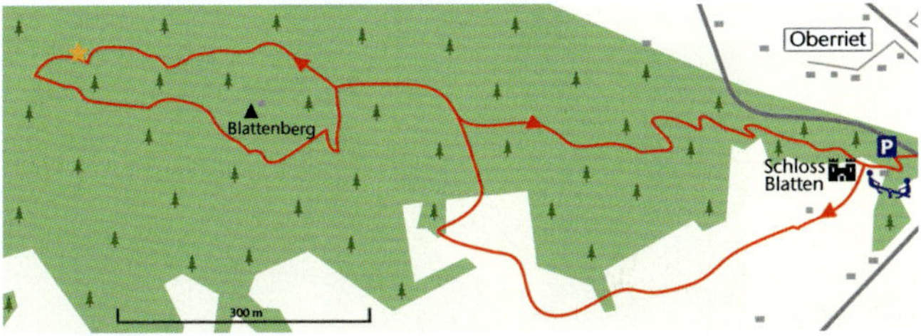

sich auch schon die ersten Stationen des Vita-Parcours. Nun beliebig den ca. 20 Stationen durch den Wald folgen. Da immer wieder kleine Wege den Parcours kreuzen, kann die Wegführung verwirrend sein, jedoch wird eine Seite durch die Felskante begrenzt. Obwohl es eine Abgrenzung gibt, kleinere Kinder hier bitte an der Hand führen und größere in Sichtweite behalten. Die Stationen liegen nicht weit voneinander entfernt. Anschließend zurück zum Schloss gehen. Dort auf bekanntem Weg die Stufen hinunter zum Ausgangspunkt.

Aus der Wandertrickkiste:
Scout spielen: mit Zweigen
wird für die nachkommenden
Wanderer und Wandererinnen
der Weg markiert.

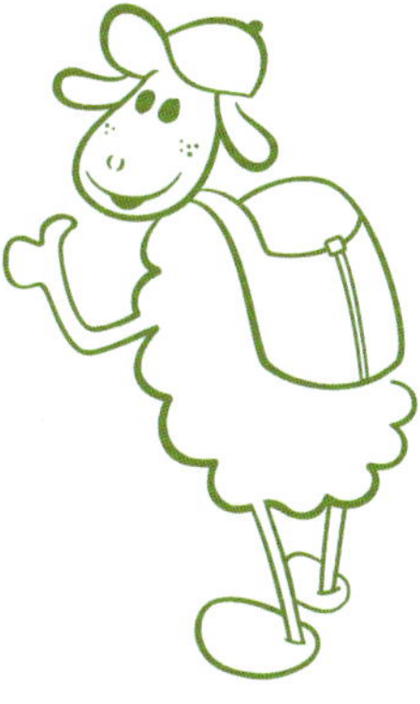

38 Tostner Burg

Tosters: nette Ruine in ruhiger Landschaft

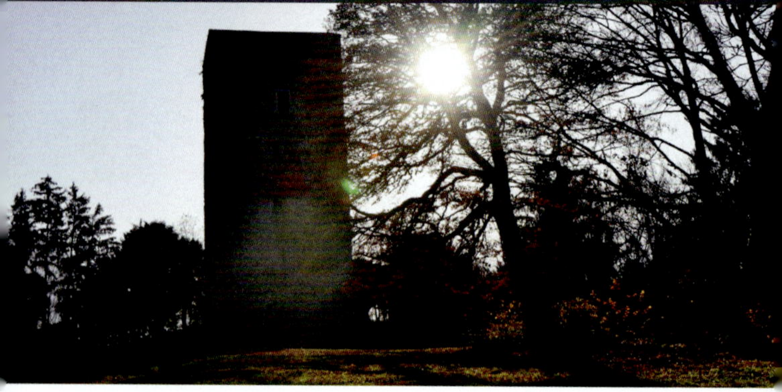

Diese abwechslungsreiche Wanderung ist für Jung und Alt immer wieder nett zu gehen. Leicht erhöht über Feldkirch sieht man weit in die umliegenden Gemeinden. Das Vogelgezwitscher, die schönen alten Bäume (1000-jährige Eibe), die Burg und die Kirche St. Corneli ergeben insgesamt eine idyllische Runde und schöne Rastplätze. Immer wieder trifft man auf Lehmsäulen. Sie sind Teil des Meditationsweges und laden zum Innehalten ein. Grillen auf der Burg ist mit Vorankündigung – siehe Info – möglich. Am Ende der Wanderung kommt man noch an einem Wildgehege vorbei.

Wetter: Anforderung: Gesamtdauer: 1 h

Anforderung:	Mittel; 170 Hm; größtenteils mäßige Steigungen, jedoch kurzer knackiger Anstieg bei der Burg, gute Wanderwege. Bei den abschüssigen Stellen Kinder bitte an der Hand führen.
Dauer:	RW: 1 h; 3,5 km.
Wetter:	Trockenes Wanderwetter, wenig Schatten.

Kindergarten-kinder:	Gut geeignet, da kurz und abwechslungsreich, kleines Rinnsal zum Plantschen, Wildgehege.
Volksschulkinder:	Siehe oben.
Ab 10 Jahren:	Netter Spaziergang für zwischendurch. Für die besseren LäuferInnen kann die Wanderung mit dem Felsbandweg erweitert werden, gesamte Gehzeit ca. 3 h. Beim Wegweiser (mit den Fahrrädern) Richtung Hub (½ h) laufen und kurz vor den Häusern geht rechts der Felsbandweg in den Wald hinauf, siehe Wegbeschreibung im vorigen Kapitel.

Navi: 6800 Feldkirch, Wolfgangstraße.

Anfahrt: In Feldkirch durch den Ardetzenbergtunnel und über die Illbrücke, dann rechts Richtung Nofels fahren. Nach ca. 1 km links Richtung Tosters/Mauren abbiegen und gleich vor der Linkskurve rechts in die Wolfgangstraße („Vaterunser-Weg") einbiegen. Bis zum Parkplatz (auf der linken Seite) beim „Vaterunser-Weg" fahren.

Bus/Bahn: Linie 2, Hst. Blumenau, ca. 5 min bis zum Ausgangspunkt. Von der Hst. Richtung Feldkirch gehen und die 1. Straße rechts abbiegen (Blumenau), bis zum Waldrand laufen.

Ausgangspunkt: Parkplatz beim „Vaterunser-Weg".

Infos/Gaststätten: *Gasthaus zur Eibe, nettes Gasthaus, Tel. +43 5522 37651, www.gasthaus-zur-eibe.at, Ruhetage Mo, Di. *Heimatpflege- und Museumsverein: schattenburg.at. *Vaterunser-Weg: www.kath-kirche-vorarlberg.at/pfarren/feldkirch-tosters/vater-unser-weg.

Wegbeschreibung: Beim Parkplatz geht's gleich über einige Stufen hinauf zur Kapelle St. Wolfgang und hinter der ersten Säule des „Vaterunser-Weges" weiter. Bei der zweiten Säule geht der Weg rechts in einen schmalen Wurzelweg über. An der Straße dem Wegweiser Richtung „Tostner Burg" folgen und aufgrund der abschüssigen Stellen bitte darauf achten, dass Kinder am Weg bleiben. Am Ende des Wurzelweges geht eine Stiege hinauf zur Burg mit den schönen alten Eichen. Auf der Burg bitte die Hinweise des Heimatpflege- und Muse-

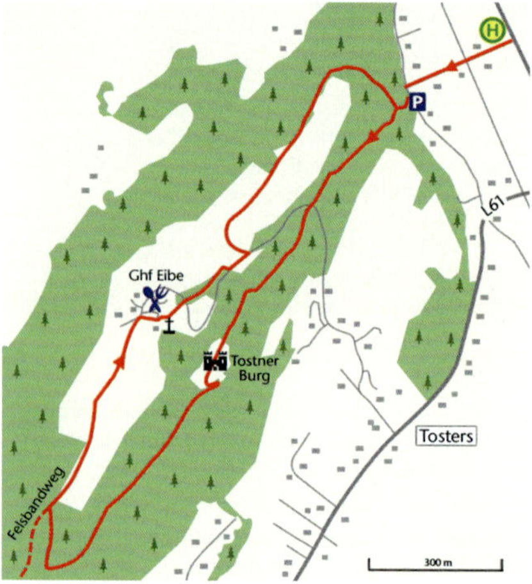

umsvereins beachten, da dies Privatgelände ist. Durch den Torbogen hinab geht die Wanderung weiter. Nun dem 1. Wegweiser nach St. Corneli folgen. Beim 2. Wegweiser Richtung Tosters laufen. (Anmerkung: Mit jüngeren Kindern könnte man bereits hier rechts Richtung St. Corneli abbiegen, das kürzt die Strecke um ¼ h ab.) Wir folgen aber dem Schotterweg geradeaus weiter, der gemütlich durch den Wald führt. Achtung: Bei der scharfen Rechtskurve auf diesem breiten Weg bleiben und ab hier Richtung St. Corneli laufen. Bald darauf geht's hinaus aufs Feld. Bei den wenigen Häusern in St. Corneli führt rechts der Weg vorbei am Gasthaus Eibe zur Kirche weiter. Ein Blick ins Innere der kleinen Kirche lohnt sich. Die Treppe nach der imposanten 1.000jährigen Eibe abwärts nehmen, die Straße überqueren und an der Säule des Vaterunser-Wegs vorbei. Beim nächsten Wegweiser diesem nach Nofels folgen. Der Weg führt wieder durch Wiesen und vorbei an einem Rotwildgehege. Nach dem Rotwildgehege geht rechts ein kleiner Weg neben einem Rinnsal den letzten Teil der Wanderung hinab. Dieses Rinnsal lädt im Sommer zum Plantschen ein. Unten an der Straße rechts noch einige Meter zum Ausgangspunkt laufen.

39 Obere Burg Schellenberg (664 m)

Schellenberg: nette Wanderung mit Burgruine si

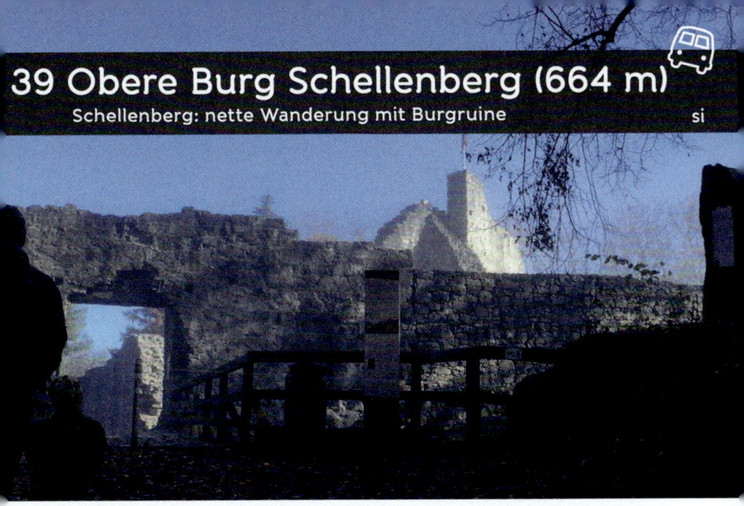

Die Wanderung ist sehr interessant für Kinder. Etwa die Hälfte des Weges geht an einer imposanten Felskante entlang. Bäume wachsen in eigenartigen Formen aus den Felsen. Die Wanderung wird von schönen Ausblicken auf Feldkirch/Tosters begleitet, was zum Innehalten und Schauen einlädt. Bei der kürzeren Variante kommt man an einem Findling aus der Eiszeit vorbei, der gerne „beklettert“ wird. Die Erkundung der Ruine hebt man sich vielleicht für das Ende der Runde auf, da viele Kinder dann besser motiviert werden können. Immer wieder gibt es Bänke zum Ausruhen. Ein Teil des Weges ist Bestandteil des Liechtensteiner Höhenweges.

Wetter: Anforderung: Gesamtdauer: 1 ½ h

Anforderung: Mittel; 100 Hm; Wald- und Wiesenwege. Bei abschüssigen Stellen bitte Kinder im Auge behalten.

Dauer: RW: 1 ½ h; 3,2 km. Kürzere Variante gesamt ca. ¾ h.

Wetter:	Wanderwetter, auch bei regnerischem Wetter eine Alternative, ca. Hälfte geschützt im Wald.

Kindergarten-kinder:	Mit kleineren Kindern kann man gut eine kleinere Runde gehen und ab dem Gedenkstein abkürzen. Bei dieser Abkürzung kommt man auch an einem Findling vorbei, der gerne „beklettert" wird.
Volksschulkinder:	Sehr gut geeignet, abwechslungsreich. Mit weniger gehfreudigen Kindern besser die kleinere Runde gehen. Bei der größeren geht es noch länger der Felskante entlang mit vielen Rastbänken. Im hinteren Bereich sind abwärtsführende Holztreppen und ca. 10 Min. ein von Wurzeln überzogener Pfad, was Kinder meist gerne mögen.
Ab 10 Jahren:	Gut geeignet für einen kurzen Ausflug in die Natur.

Navi: FL-9488 Schellenberg, Hinterschloss.

Anfahrt: Feldkirch Nofels, beim 1. Kreisverkehr den Berg hinauf Richtung Schellenberg fahren. Ca. 1,5 km nach der Grenze links in die Straße Hinterschloss einbiegen. Wegweiser „Restaurant Weinlaube". Der Parkplatz ist rechts angeschrieben.

Bus/Bahn: Linie 35 Hst. Schellenberg/Hinterschloss.

Ausgangspunkt: Parkplatz Hinterschloss für einige wenige Autos. An klassischen Ausflugstagen kann es daher schwierig sein, eine Parkmöglichkeit zu finden.

Infos/Gaststätten: *Restaurant Weinlaube, gehobenes Restaurant, www.weinlaube.li. *Weitere Informationen zum insgesamt fast 15 km langen Höhenweg unter: www.höhenweg.li.

Wegbeschreibung: Grundsätzlich kann man ab dem Parkplatz den Wegweisern Richtung „Hinterer Schellenberg" folgen. Der Weg führt zuerst an einigen Häusern vorbei und dann hinaus aufs Feld. Nach ca. 10 Min. ist schon die Bergkante erreicht und nun geht's an dieser entlang, vorbei am Gedenkstein „700 Jahre Liechtenstein". Wer abkürzen will, geht hier links Richtung Naturdenkmal Findling (großer Felsbrocken). Rechts hinter diesem Findling geht ein schmaler Weg weiter

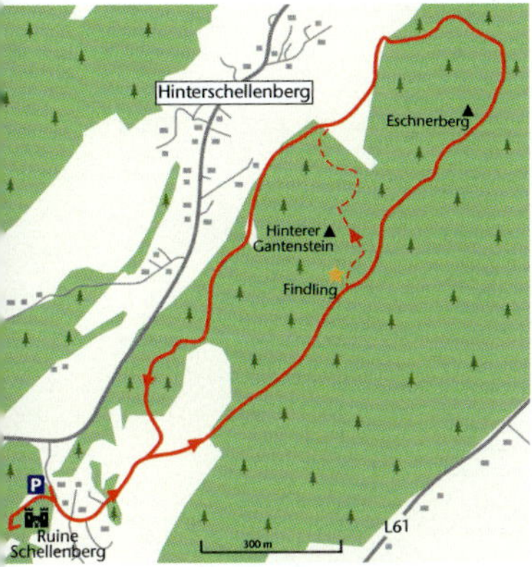

(gelber Pfosten, am Ende des Pfades kommt eine Schotterstraße, links dem Wegweiser Richtung Schloss folgen). Kinder in diesem Abschnitt bitte nicht aus den Augen lassen bzw. an der Hand sichern, da der Weg an der Bergkante entlang führt und nicht überall ein Zaun ist. Anschließend kommen einige Treppenstufen und der Weg geht in einen Wurzelweg über. Später folgt ein Schotterweg. Nun den kommenden zwei Wegweisern nach „Mittlerer Schellenberg/Hinterschloss“ folgen. Es geht durch den Wald, am Wasserbehälter vorbei, über eine Wiese wieder zurück auf den Schotterweg und zurück zum Parkplatz. Beim Parkplatz dem Schildern „Bendern/Vorderer Schellenberg“ folgen. In ca. 5 Min. ist die Burg erreicht. Achtung: Auf der Burg bitte die Kinder nicht aus den Augen lassen, es gibt einige gefährliche Stellen!!

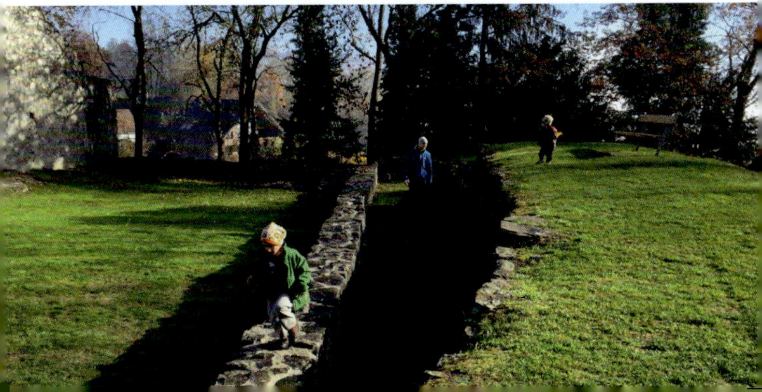

40 Ruine Sigberg (460 m)

Göfis: kurze Wanderung zu einer netten Ruine

si

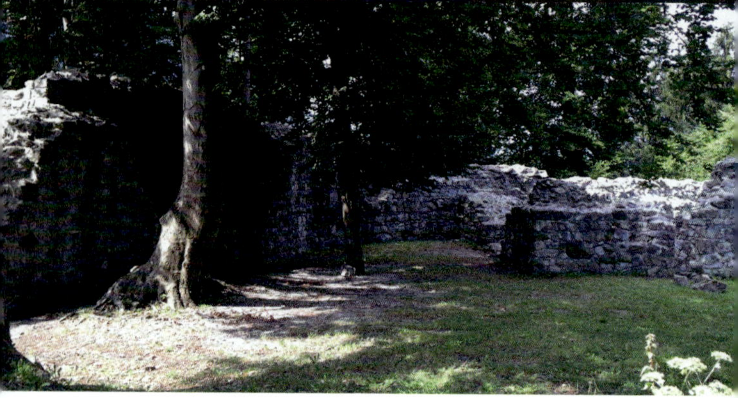

Die Ruine wurde zwischen 2001 und 2008 von der Gemeide Göfis saniert und ist heute ein schönes und gern genutztes Freizeitgelände mit Grillstellen.

Wetter: Anforderung: Gesamtdauer: 1 h

Anforderung:	Leicht; 50 Hm; Schotterwege, kurzes Stück gröbere Steine.
Dauer:	Eine Strecke: ½ h; 1 km.
Wetter:	Jedes Wetter, auch bei regnerischem Wetter geeignet (Teilstück etwas rutschig).

Kindergartenkinder:	Sehr gut geeignet.
Volksschulkinder:	Sehr gut geeignet.
Ab 10 Jahren:	Geeignet für Geschichtsinteressierte, gegen Voranmeldung Grillmöglichkeit.

Navi: 6811 Göfis, Schildried.

Anfahrt: Autobahnausfahrt Frastanz, Richtung Frastanz fahren, beim Bahnhof rechts Richtung Satteins, Göfis abbiegen, nach der Unterführung die erste Abzweigung links Richtung Göfis nehmen. Nach der Brücke gleich links einbiegen. Hier gibt es einige Parkplätze.

Bus/Bahn: Linie 67, Hst. Büttels, 10 min abwärts laufen bis zum Ausgangspunkt, vom Bahnhof Frastanz ca. 15 min Wegverlängerung.

Ausgangspunkt: Parkplatz Schildried.

Infos/Gaststätten: *Keine Gaststätte am Weg.

Wegbeschreibung:

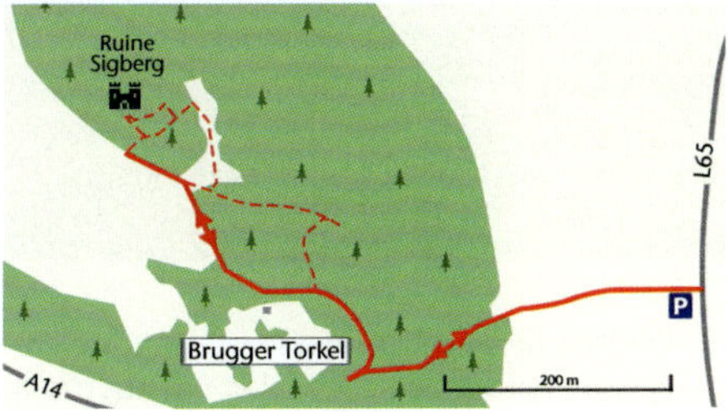

Vom Ausgangspunkt immer der Beschilderung „Ruine Sigberg“ folgen. Nach einigen Minuten kommt der erste Wegweiser, der Weg geht in einen „Stock und Stein“-Weg über. Nach ca. 10 Min. wird es wieder breiter, hier links halten. Nach einigen Metern nochmals rechts (der Beschilderung folgen) zur Ruine abbiegen. Nach der Pause auf der Ruine geht's den gleichen Weg zum Parkplatz.

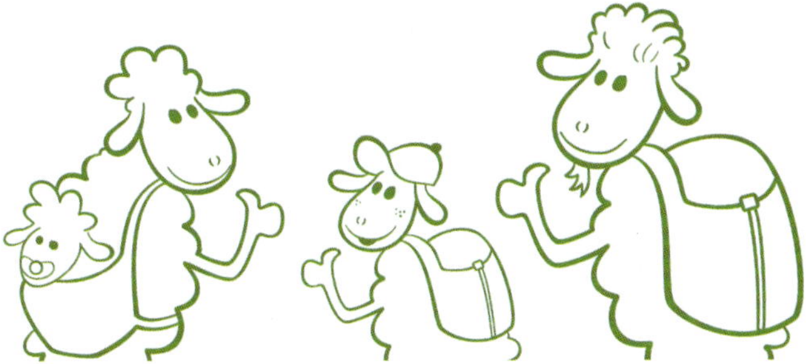

41 Vatlära (739 m)

Satteins: schöne Wanderung im märchenhaften „Zauberwald“

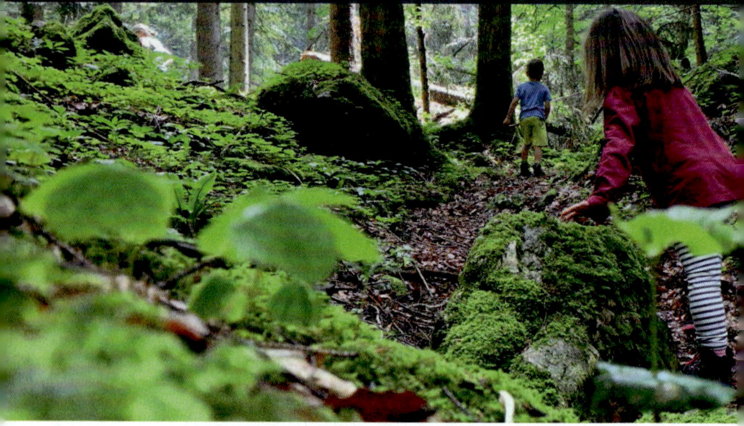

Die Wanderung ist sehr abwechslungsreich. Der Aufstieg durch ein kleines, naturbelassenes Tal ist wie aus einem Märchenbuch. Am Weg gibt es 2 Tafeln mit Geschichten. Vatlära ist eine der ältesten Siedlungsgebiete des Walgaus. Unterhalb des „Gipfels“ befinden sich noch Mauerreste der Fluchtsiedlung aus der Bronzezeit.

Wetter: Anforderung: Gesamtdauer: 2 h

Anforderung:	Mittel; ca.170 Hm; kurzes steiles Stück, Waldwege und Schotterstraße.
Dauer:	RW: 2 h; ca. 4 km.
Wetter:	Schönes Wanderwetter, größtenteils schattig.

Kindergartenkinder:	Nur für gute LäuferInnen, da der Aufstieg durch den „Zauberwald" teils steil ist; nette Märchentafeln.
Volksschulkinder:	Siehe oben.
Ab 10 Jahren:	Nette Wanderung für zwischendurch.

Navi: 6822 Satteins, Parkplatz Melkboden.

Anfahrt: Autobahnausfahrt Frastanz (Nr. 41), danach links Richtung Frastanz abbiegen. Beim Bahnhof nach Satteins fahren, bei der Tankstelle in Sattseins links und der Straße durchs Dorf folgen. Nach einem kurzen Waldstück kommt auf der linken Seite ein kleiner Parkplatz. Wer den Weg von Rankweil aus nimmt, biegt bei der Kreuzung (Gasthaus Taube) an der Ringstraße in die Walgaustraße (Richtung Göfis/Satteins) ab. Immer der Straße folgen und ca. 650 m nach dem „Schwarzen See Stüble" kommt auf der rechten Seite der Parkplatz.

Bus/Bahn: -

Ausgangspunkt/P: Parkplatz Melkboden, Satteins.

Infos/Gaststätten: *Schwarzer See Stüble, nicht direkt am Wanderweg, aber einige Gehminuten entfernt am Schwarzen See gelegen, der als Fischteich beliebt ist, Tel. +43 664 2127595.

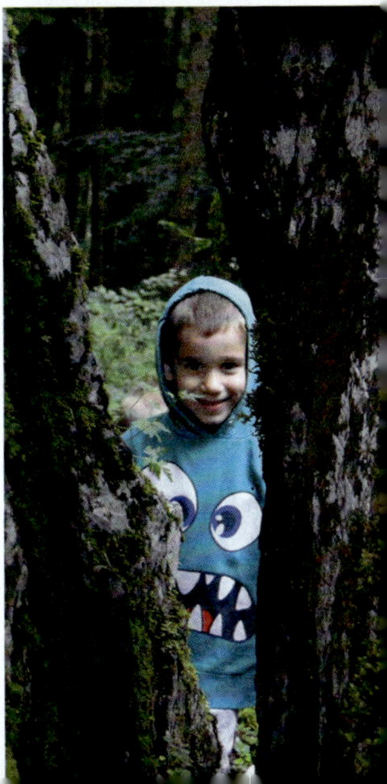

Wegbeschreibung: Vom Ausgangspunkt führt ein kleiner Trampelpfad rechts entlang der Asphaltstraße aufwärts Richtung Schwarzer See. Bei den Steinschlagnetzen führt der Schotterweg bergauf. Nach einigen Metern geht dieser in einen kleinen Pfad über und führt ab nun durch ein idyllisches, naturbelassenes Tal. Kurzzeitig wird der Weg recht steil. Oben beim „Ifigoppa Bäraloch" dem Wegweiser nach Vatlära folgen. Nach einigen Minuten er-

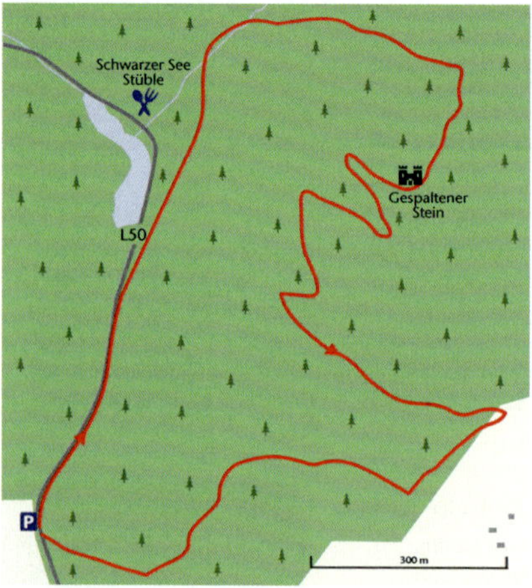

scheint der Wegweiser „Gespaltener Stein". Dazu gibt es eine Sagentafel. Kurz nach dem Wegweiser geht es noch wenige Meter aufwärts, bis die Mauerreste der Fluchtsiedlung zum Vorschein kommen. Dieser Platz lädt zu einer Pause ein. Danach wieder zurück zum Wegweiser gehen und ab nun den Schildern „Schwarzer See" folgen.

Aus der Wandertrickkiste:
Das Gelände in eine Geschichte einflechten: Jedes Kind darf sich fünf Figuren ausdenken, die sie dann in eine Geschichte einbauen, die im Gelände stattfindet, wo gerade gewandert wird.

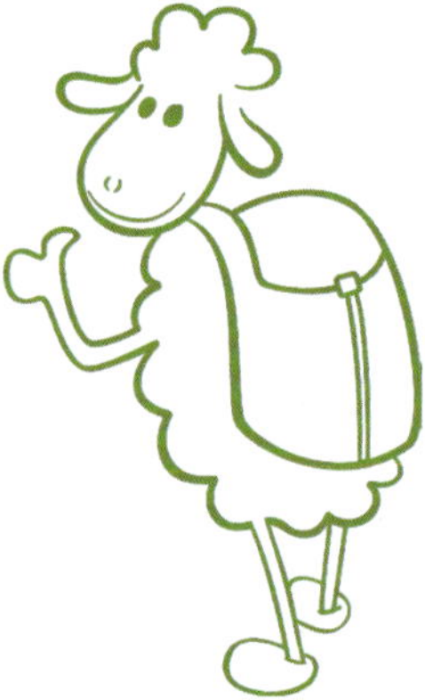

42 Märchen- und Sagenweg

Bürs: nette Märchenwegrunde beim Schloss Rosenegg si

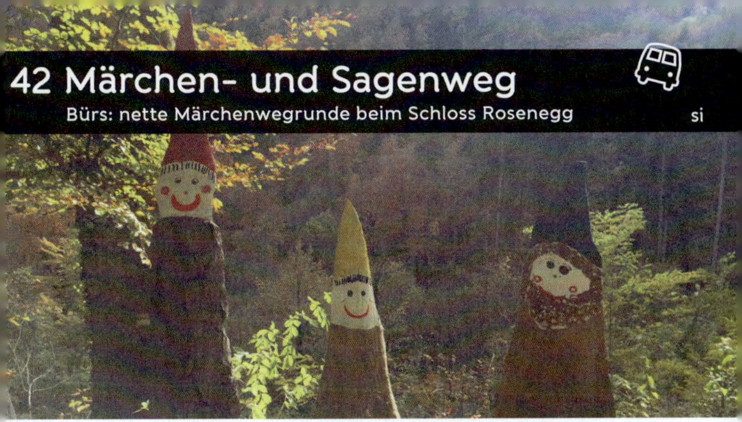

Am Anfang des Brandnertals, mit gleichem Ausgangspunkt wie die Bürser Schlucht (auch in diesem Buch beschrieben), befindet sich ein nett angelegter Märchenweg, der auch als „Rosenegg-Rundweg" beschildert ist. Insgesamt gibt es 6 Stationen, die von den Kindern des örtlichen Kindergartens und der Volks- und Mittelschule gestaltet wurden. Das Gelände bietet etwas Abwechslung, es geht durch Wald und Flur, man kommt an Bauernhöfen mit Tieren vorbei, an einem Reiterhof und beim Ziel befindet sich ein schönes Biotop. Entlang des Weges gibt es immer wieder Tafeln mit Sagen, Märchen sowie Informationen zur Tier- und Pflanzenwelt. Das Schloss Rosenegg ist im Privatbesitz und deshalb leider nicht zugänglich.

Wetter: Anforderung: Gesamtdauer: 1 ½ h

Anforderung:	Leicht; ca. 90 Hm; je zur Hälfte Asphalt- und Schotterstraße.
Dauer:	RW: 1–1 ½ h inkl. Verweildauer; 2,8 km.
Wetter:	Trockenes Wanderwetter, in den Wintermonaten ist diese Wanderung nicht zu empfehlen, da der Weg aufgrund der umliegenden Berge fast nur im Schatten liegt.

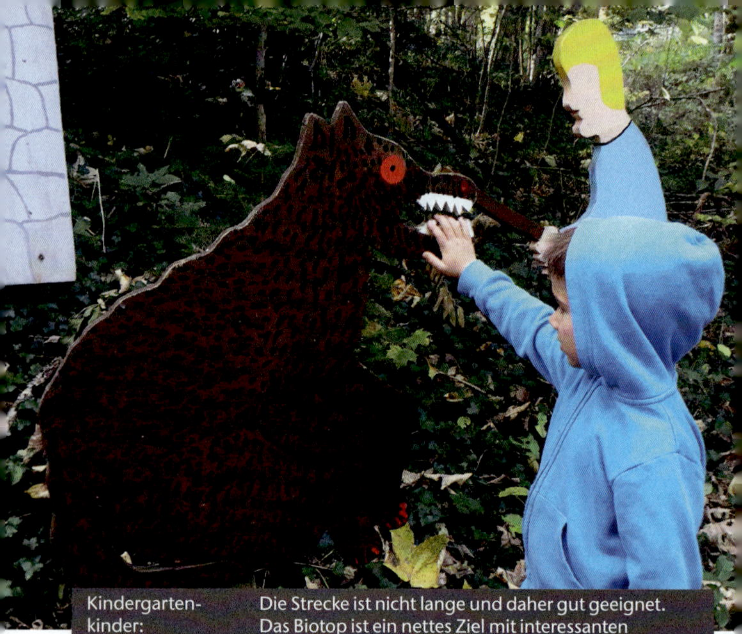

Kindergarten-kinder:	Die Strecke ist nicht lange und daher gut geeignet. Das Biotop ist ein nettes Ziel mit interessanten Teichbewohnern wie Fröschen und Molchen. Weitere Tiere beim Pferde- und Bauernhof.
Volksschulkinder:	Siehe oben. Die Tafeln sind nett gestaltet und die Geschichten sind recht interessant, z.B. die Sage vom Schlössle Rosenegg oder der Schesaplana.
Ab 10 Jahren:	Für ein Nahziel ganz nett für zwischendurch.

Navi: 6706 Bürs, Im Lug.

Anfahrt: A14, Autobahnausfahrt Bludenz/Bürs, Richtung Bürs fahren, nach einer Rechtskurve ist an der linken Seite „Bürser Schlucht" angeschrieben.

Bus/Bahn: Linie 81, Haltestelle Gasthaus Adler in Bürs.

Ausgangspunkt: Parkplatz Im Lug.

Infos/Gaststätten: *Keine Gaststätte entlang des Weges, mehrere Gaststätten im Dorf.

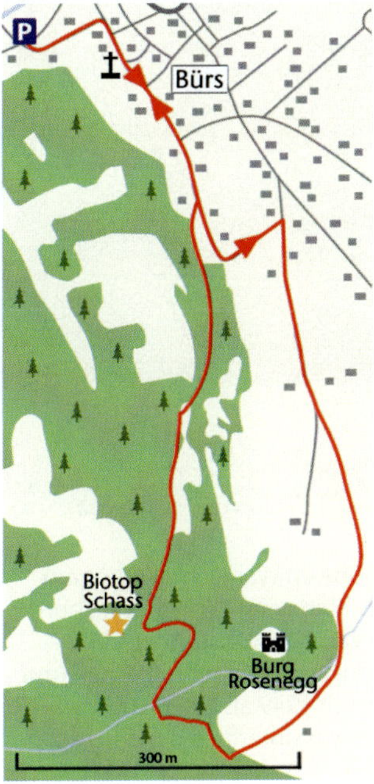

Wegbeschreibung: Hinweis: Der Weg ist gut mit „Rosenegg-Rundweg“ beschildert. Vom Ausgangspunkt führt die Wanderung in der Obergasse an der Kirche vorbei und geht in den Schaßweg hinein. Am Ende dieses Weges links in den Felbaweg einbiegen und gleich wieder rechts den Hinterburgweg nehmen. Dieser führt hinaus aufs Feld bis zum Waldrand. Beim Wegweiser zweigt rechts ein kleiner Weg ab, der mit der Zeit sehr wurzelig wird. Am Ende des Weges ist auf der rechten Seite das Tor von Schloss Rosenegg erreicht. Nun links zum Biotop weiter. Es lohnt sich dieses zu umrunden, ein Bänkle lädt zum Rasten ein. Wieder zurück beim Schotterweg abwärts Richtung Bürs laufen. Das letzte Stück verläuft auf bekannter Strecke zurück zum Ausgangspunkt.

43 Burgruine Jagdberg

Schlins: schöne Ruine mit Ausblick

si

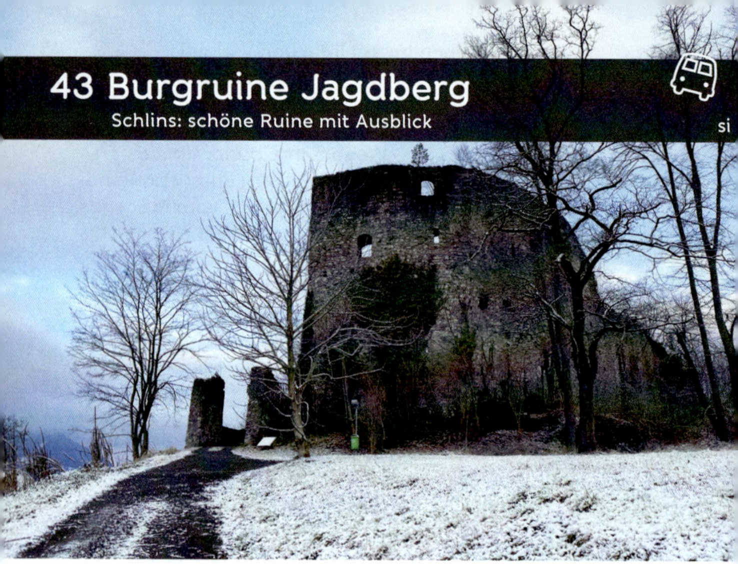

Die Ruine Jagdberg liegt auf einer Anhöhe im Walgau mit schönem Blick auf die Bergwelt. Anfangs war die Ruine eine Mittelpunktsburg der Grafen von Montfort, bis sie dann von den Habsburgern übernommen wurde. Nach einigen Zerstörungen, Wiederaufbauten und Restaurierungen dient das Burginnere seit 1949 als Freiluftbühne, wo es immer wieder Aufführungen gibt. Etwas unterhalb der Burg liegt das Landeserziehungsheim Jagdberg.

Wetter: Anforderung: Gesamtdauer: ¾ h

Anforderung: Leicht; 73 Hm; kurzer Anstieg von ca. 10 min; Asphaltstraße, Schotter- und Waldwege.

Dauer: RW: ¾ h; 2,3 km.

Wetter: Trockenes Wanderwetter, wenig Schatten.

Kindergarten-kinder:	Gut geeignet für die kleinen LäuferInnen, da die Runde recht kurz ist. Es gibt vor der Burg Sitzmöglichkeiten zum Rasten.
Volksschulkinder:	Siehe oben.
Ab 10 Jahren:	Nette Runde zum Füße vertreten, es gibt in diesem Gebiet viele Wege um die Runde zu vergrößern.

Navi: 6824 Schlins, Schulgasse 20.

Anfahrt: A14, Abfahrt Sattseins oder Nenzing nehmen, dann nach Schlins in die Ortsmitte fahren und bei der St.-Anna-Kapelle Richtung Wiesenbachsaal abbiegen. Immer der Straße folgen und bei der Kirche rechts abbiegen und zum Wiesenbachsaal fahren.

Bus/Bahn: Linie 73, Postamt Schlins.

Ausgangspunkt/P: Wiesenbachsaal, Parkplätze im Ort.

Infos/Gaststätten: *Keine Gaststätte entlang des Weges.

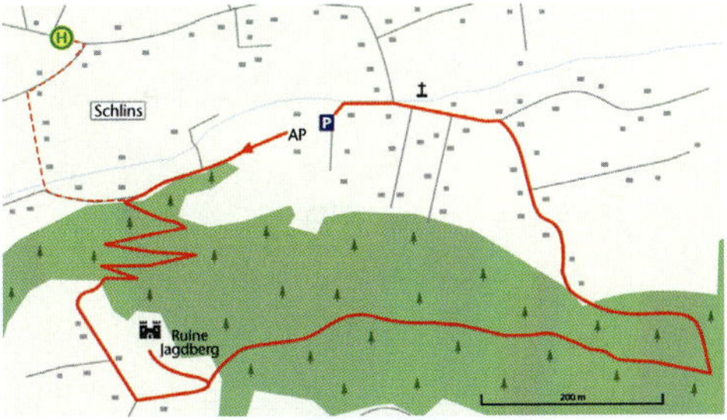

Wegbeschreibung:
Zwischen Wiesenbachsaal und Volksschule geht ein Weg in Richtung Firma „Erne Fittings“. Bei der Firma zeigt links ein Wegweiser Richtung Ruine Jagdberg. Nun führt der Weg im Zickzack mit Stufen hinauf auf den Jagdberg. Nach ca. 10 Min. geht der Weg vom Waldweg in eine Asphaltstraße über, auf der wir kurz bleiben. Auf der linken Seite ist schon die Ruine zu sehen. Leider ist die Ruine mit einem schönen Tor zugesperrt, so dass das Innere nicht besichtigt werden kann. Nun zurück zur Straße laufen und dem Wegweiser Richtung Schlins/Kirche folgen. Es geht wieder in den Wald und anschließend auf eine Asphaltstraße, die zum Ausgangspunkt zurückführt.

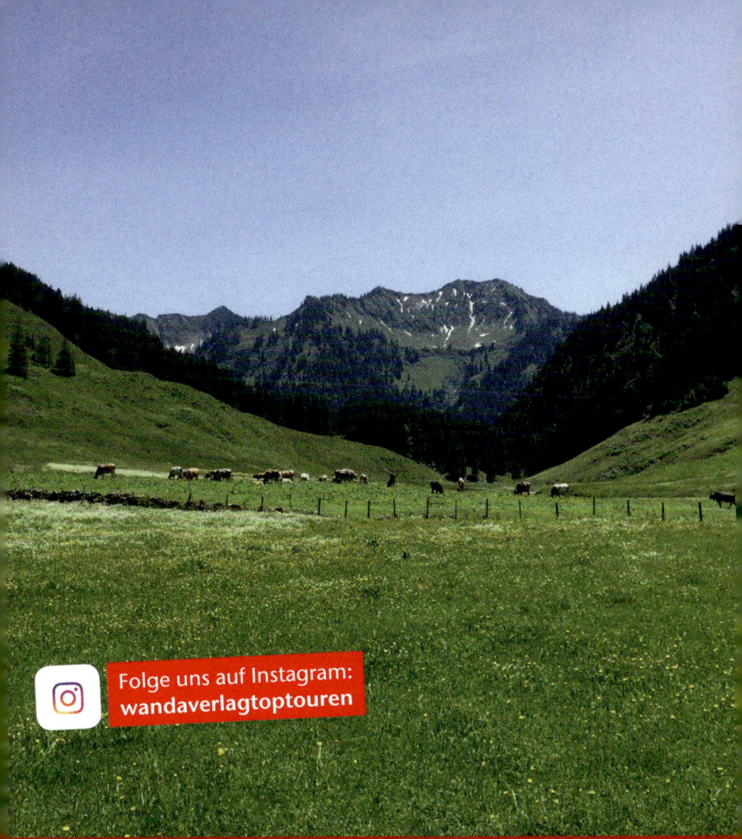

V. Gr. Walsertal & Laternsertal

44 Alpe Saluver (1600 m)

Laterns: Alpwanderung und Gebirgsbach zum Plantschen

si

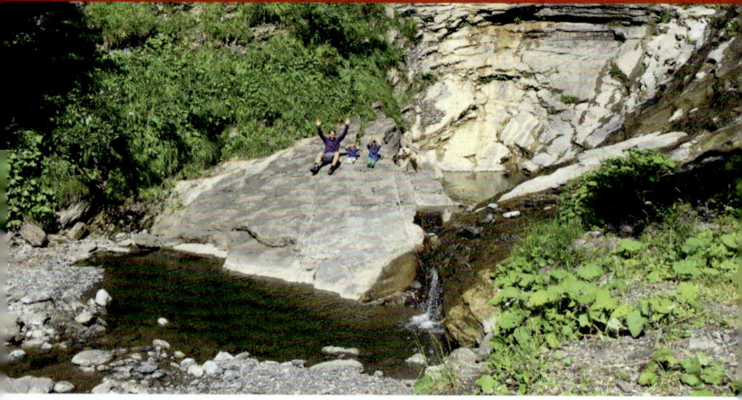

Die Alpe Saluver liegt im schönen Naturschutzgebiet Hohe Kugel/ Hoher Freschen und Mellental. Die Auffahrt mit dem Sessellift lohnt sich, das Panorama ist sehr schön und zu Fuß ist der Aufstieg nur sehr gehfreudigen Kindern zumutbar (siehe u. „Ab 10 Jahren"). Oben hat man zwei Möglichkeiten: entweder die kürzere Strecke bis zur Alpe Saluver und wieder retour zur Bergstation zu gehen oder durch das schöne Garnitzatal mit den spieleinladenden Tümpeln am Gebirgsbach abzusteigen. Die zweite Version ist jedoch für kleinere Kinder konditionsraubend und nur für Trittsichere geeignet.

Wetter: Anforderung: Gesamtdauer: 2 h

Anforderung: Von der Bergstation zur Alpe Saluver: Leicht; 115 Hm aufwärts, 103 Hm abwärts. Von der Alpe Saluver durch das Garnitzatal: Mittel bis schwierig; ca. 400 Hm abwärts; steiler Wurzelweg.

Dauer:	Bis zur Alpe Saluver: Ca. 1 h; 3 km. Von der Alpe Saluver durch das Garnitzatal: Ca. 1 h; 3,6 km.
Wetter:	Schönes Wanderwetter; im Winter ist der Weg zur Falbastuba als Winterwanderweg gekennzeichnet. Rodel nicht vergessen!

Kindergartenkinder:	In diesem Alter ist nur der Weg zur Alpe Saluver und wieder retour zur Bergstation empfehlenswert. Bei der Falbastuba gibt es einen netten Kinderspielplatz und die Garnitza, ein gemütlicher Gebirgsbach, lädt zum Plantschen ein.
Volksschulkinder:	Siehe oben. In diesem Alter ist der Abstieg durch das Garnitzatal auf dem schönen, aber schwierigen Wurzelsteig gut geeignet, sofern die Kinder trittsicher und schon ein bisschen bergerfahren sind. Bitte Kinder gut beaufsichtigen.
Ab 10 Jahren:	Siehe oben. Mit gehfreudigen Kindern kann man zusätzlich von der Tal- zur Bergstation aufsteigen. Es führt ein breiter Schotterweg mit Abkürzungen dazwischen hinauf. (Aufstieg zur Bergstation: schattig durch den Wald, ca. 3,1 km, 413 Hm, 1 ½ h).

Navi: 6830 Laterns, Kühboden 7.

Anfahrt: A 14, Ausfahrt Rankweil nehmen und Richtung Rankweil/Laternsertal fahren. In Laterns der Beschilderung zum Schilift Gapfohl folgen. Dort befindet sich ein großer Parkplatz. Rückreise mit dem Bus von Bad Laterns bis zum Schilift-Parkplatz möglich.

Bus/Bahn: Anfahrt mit Bus ab Bahnhof Rankweil, Linie 65, Hst. Laterns Gapfohl.

Ausgangspunkt/P: Schilift Gapfohl.

Infos/Gaststätten: *Sessellift Gapfohl, RP: Berg- u. Talfahrt Erw. € 14, Ki. € 9,50, Ermäßigung mit Familienpass. *Falba Stuba, nettes Restaurant mit Bergfrühstück und Spielplatz, Tel. +43 5526 27186, Öffnungszeiten siehe Homepage, www.falbastuba.at. *Alpe Saluver, gemütliche Alpe mit Sennerei und Bergfrühstück, erreichbar auch mit dem Wanderbus, www.freschengold.at. *Bad Laterns, gemütliches Restaurant mit Fischteich zum Angeln, Tel. +43 664 5475355, www.badlaterns.at.

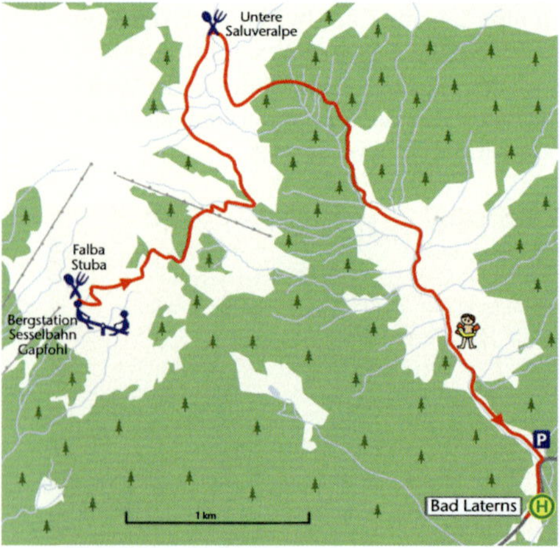

Wegbeschreibung:
Von der Bergstation vorbei an der Falba Stuba den Wegweisern Richtung Saluver Alpe folgen. Nach der Rankler Skihütte und einer Alpe geht der Weg hinauf zum kleinen „Fürkle“. Oben eröffnet sich ein herrliches Panorama über die Bergwelt. Der Schotterstraße zur Saluver Alpe folgen. Nun entweder den gleichen Weg zurück nehmen oder über das Garnitzatal absteigen. Dazu den vielen gut sichtbaren Wegweisern folgen. Der Garnitzabach lädt zum Verweilen ein. Im Sommer sind viele Weidetiere anzutreffen. Danach dem Schotterweg aus dem schönen Tal ins Bädle folgen.

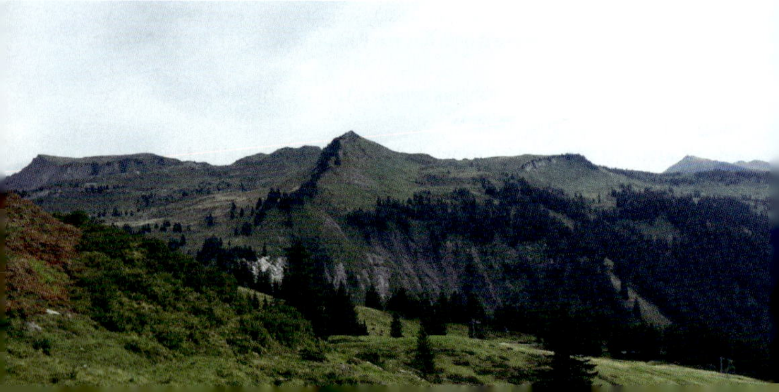

45 Üble Schlucht (923 m)

Laterns: einzigartige Schluchtenwanderung si

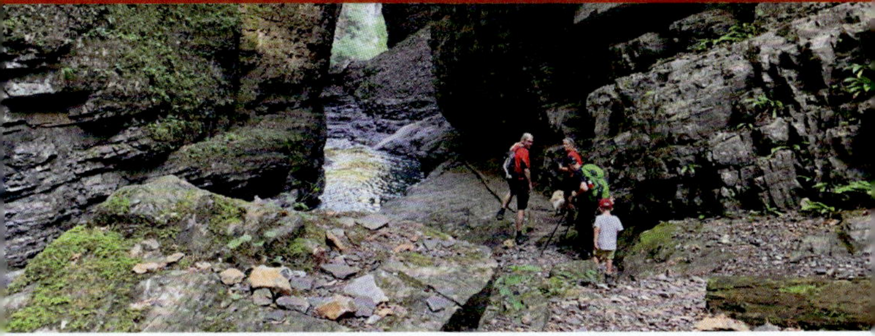

Früher war die „Üble Schlucht" eine wichtige Verbindung der Talschaften von Laterns nach Übersaxen. Heute ist sie ein Europaschutzgebiet mit einer einzigartigen Landschaft. Man taucht in eine Welt mit einem rauschenden Bach und tosenden Wasserfällen ein. An einigen Stellen ist es so laut, dass man sich fast nicht verständigen kann. Steile Überhänge, die regelmäßig gewartet werden müssen, verleihen der Schlucht einen magischen Zauber. Das Wort „übel" nimmt hier Bezug auf die Wegstrecke, die früher gefährlich und unheilbringend war.

Wetter: ◐ Anforderung: ● Gesamtdauer: 5h

Anforderung:	Sehr schwer; ca. 420 Hm Auf- und Abstieg; alpiner Steig, an einer Stelle drahtseilgesichert, jedoch abschüssig und ausgesetzt! Trittsicherheit, Schwindelfreiheit und Bergerfahrung sind unbedingt erforderlich! Auch im Sommer können die Wege aufgrund der Feuchtigkeit in der Schlucht sehr rutschig sein.
Dauer:	Eine Strecke: 2 ½ h ; 4,8 km.
Wetter:	Nur bei anhaltendem Schönwetter, nicht bei Gewitterwarnung (unbedingt Wetterbericht einholen), am besten im Hochsommer.

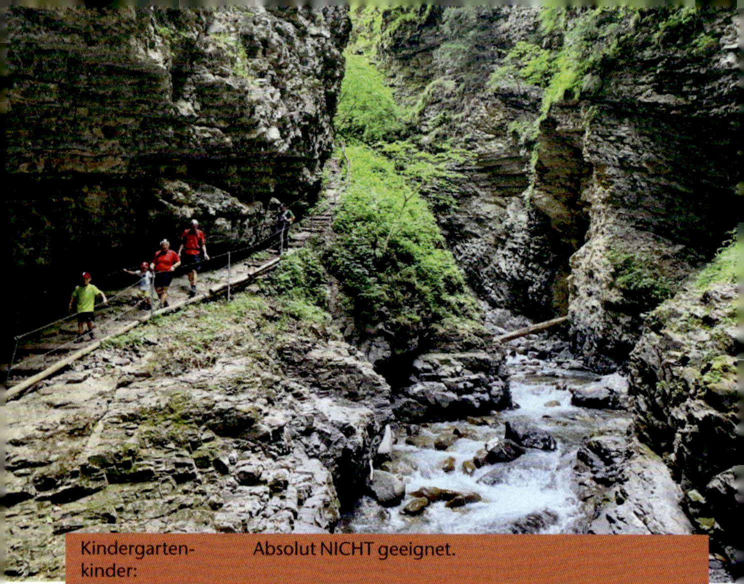

Kindergarten-kinder:	Absolut NICHT geeignet.
Volksschulkinder:	Nur für ältere Volksschulkinder, die vielleicht schon Klettersteigerfahrung haben. Siehe Anforderung! An sich ist die Wanderung einzigartig und auch etwas Besonderes. Kleine Kraxelstellen, teilweise seilversichert.
Ab 10 Jahren:	Für bergerfahrene Kinder ab diesem Alter sehr gut geeignet (siehe Anforderung). Die Schlucht ist spektakulär.

Navi: 6830 Rankweil, Bahnhof.

Anfahrt: Am besten mit dem Auto zum Bahnhof Rankweil und von dort mit dem Bus weiter.

Bus/Bahn: Linie 65, Hst. Gasthaus Löwen. Wichtig: Am Wochenende gibt es keine Busverbindung von und nach Übersaxen, nur den Rufbus. Tel. Rufbus: +43 676 70 999 70.

Ausgangspunkt/P: Hst. Gasthaus Löwen.

Infos/Gaststätten: -

Wegbeschreibung: Anmerkung: Der Einstieg in die Schlucht ist von beiden Seiten möglich. Der Rückweg erfolgt jeweils mit dem Bus. Wir haben uns entschieden, die extrem steile Strecke von Laterns am Anfang hinunter zu gehen (anstatt am Ende der Wanderung hinauf). Die Wanderung beginnt bei der Haltestelle Gasthaus Löwen, hier dem Wegweiser „Üble Schlucht" folgen. Nach dem Parkplatz geht die Markierung zwischen den Häusern in einen schmalen Fußweg über. Es geht immer bergab, über Wiesen und anschließend in den Wald. Im Wald wird der Weg von Beginn an sehr abschüssig und führt recht steil hinunter. Es gibt immer wieder Bänkle zum Ausruhen, später geht es am Wasser entlang. Nach der Brücke ist der schwierigste Teil geschafft und an der anderen Talseite geht der Weg wieder aufwärts. Beim Netschelweg sind es noch ca. 30 Minuten bis zur Bushaltestelle Netschelweg.

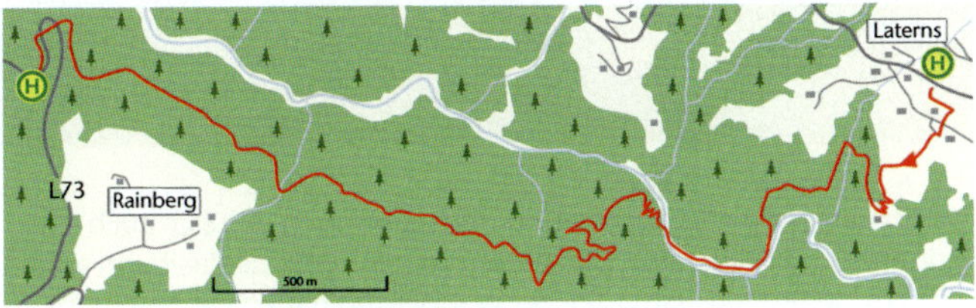

<u>Einstieg in umgekehrter Richtung:</u> Rankweil, Hst. Netschelweg, ca. 30 Min. den Netschelweg taleinwärts laufen bis zur Abzweigung „Üble Schlucht". Durch die Schlucht und nach Laterns hinauf, wobei dieser Aufstieg für Kinder viel steiler und mühsamer ist als die umgekehrte Variante.

46 Alpe Unterpartnom (1532 m)

Sonntag: Themenweg mit Alpwanderung

cm

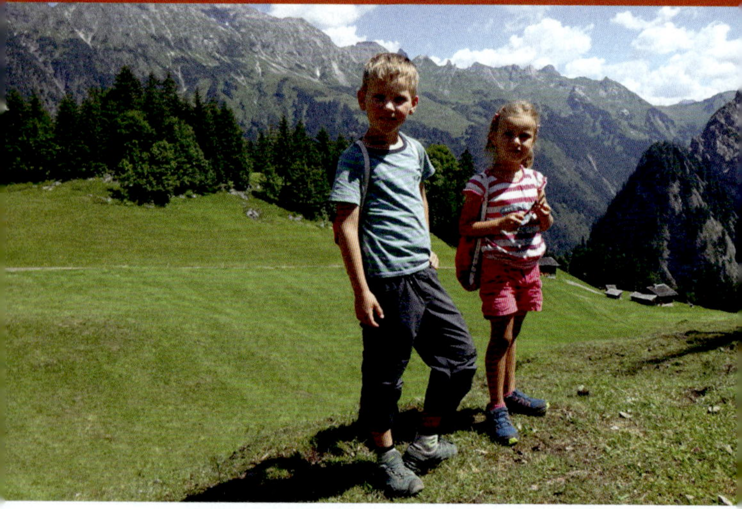

Das ist eine dieser herausragenden Wanderungen, wo sich auch eine längere Anfahrt auszahlt. Die Auffahrt beginnt mit der Seilbahn auf 1300 m Höhe. Den ersten Teil der Wanderung haben wir bereits in unserem Kinderwagen-Wanderbuch beschrieben. Hier befinden sich wunderbare, kreative und interaktive Erlebnisstationen zum Thema Natur und deren Klänge. Ein Höhepunkt ist der Grillplatz samt Pizzaofen, siehe Infos. Von dort zweigt ein schöner Wanderweg zu den gemütlichen Alpen ab. Die Aussicht ist traumhaft und reicht von der Damülser Mittagsspitze über die Hochschere, Hochkünzelspitze bis zum Glatthorn auf der anderen Seite.

Wetter: Anforderung: Gesamtdauer: 2 h

Anforderung:	Mittel; ca. 240 Hm; Wanderwege und Schotterstraße.
Dauer:	RW: 2 h; 4,8 km.
Wetter:	Schönes Bergwetter.

Kindergarten-kinder:	Geeignet für gute Läuferinnen. Anderenfalls einfach ab dem Grillplatz den direkten Weg zur Seilbahn zurückgehen. Direkt unterhalb des Grillplatzes gibt es einen schönen Wasserspielplatz.
Volksschulkinder:	Gut geeignet, im 1. Teil der Wanderung motivieren die Stationen, ab dem Grillplatz geht ein schöner Weg zu den Alpen hinauf. Es gibt einen Abstecher zur Echowand, die man dann von oben sehen kann.
Ab 10 Jahren:	Siehe oben.

Navi: 6731 Sonntag, Boden 50.

Anfahrt: A14 Autobahnausfahrt Nenzing/Thüringen; Großes Walsertal/Thüringerberg. Auf Faschinastraße (193) bis Seilbahn Sonntag Stein oder mautfrei über den Bregenzerwald, L200 bis Au, rechts Damüls –Faschina – Parkplatz Talstation Seilbahnen Sonntag-Stein.

Bus/Bahn: Hst. Seilbahn Stein, Sonntag, Linie 77.

Ausgangspunkt/P: Bergstation Seilbahn Sonntag-Stein.

Infos/Gaststätten: *Seilbahnstüble bei der Bergstation, Kinderspielplatz , Tel. +43 699 19070292. *Alpe Unterpartnom und Wandfluhalpe, beide haben eine einfache Jausenkarte, bewirtschaftet in der Wandersaison je nach Wetter, meist ab Mitte Juni – Anf. Sep. *Großwalsertaler Seilbahn Sonntag-Stein, Tel. +43 5554 5281 (Talstation), Tel. +43 5554 5600 (Bergstation), www.seilbahnen-sonntag.at, Mittagspause von 12:00–13:00 Uhr, Richtpreis Erwachsene: € 10,50. Hinweis: An der Talstation kann man einen Pizzateig kaufen und bei der überdachten Grillstation im Lehmofen selbst backen. Die Grillstation ist außerordentlich liebevoll eingerichtet. So gibt es z.B. Besteck, Geschirr und alles, was man zum Grillen sonst noch benötigt.

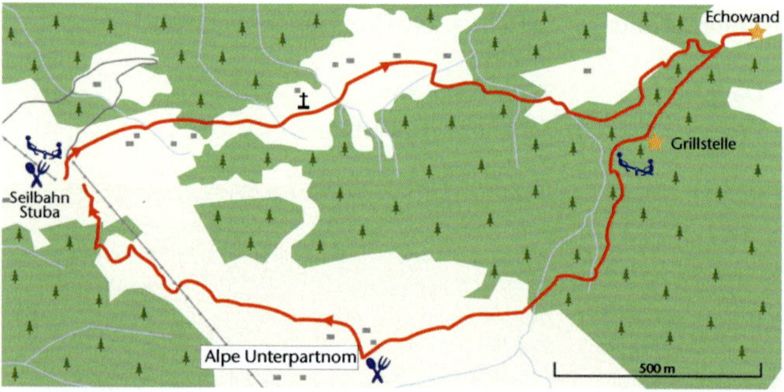

Wegbeschreibung: Hinweis: Der Beginn der Tour ist gleich wie bei der im Kinderwagenbuch beschriebenen Tour „Klangraum Stein“, dann zweigt der Weg jedoch zur Alpe weg. Von der Bergstation der Seilbahn Sonntag-Stein zuerst abwärts dem Güterweg folgen und dann wieder rechts hinauf in Richtung Steinbild. Bei der Rosenkranzkapelle in Vordersteinbild zweigt der Wanderweg ab und führt durch den Wald hinauf nach Hintersteinbild. Es geht an Klangmöbeln und am Klangfall vorbei. Bald danach folgt die Echowand mit einem traumhaften Ausblick. Wieder in Richtung Seilbahn geht es zum überdachten Grillplatz mit Quellwasser und Brennholz zum selber Grillen. Direkt beim Grillplatz geht der Wanderweg in ca. ½ Stunde hinauf zur Unterpartnom Alpe und Wandfluhalpe. Beide Alpen sind bewirtschaftet und liegen unmittelbar nebeneinander. Für den Rückweg an den Alpen vorbei und immer den Schildern Richtung Seilbahn/Bergstation Sonntag-Stein folgen.

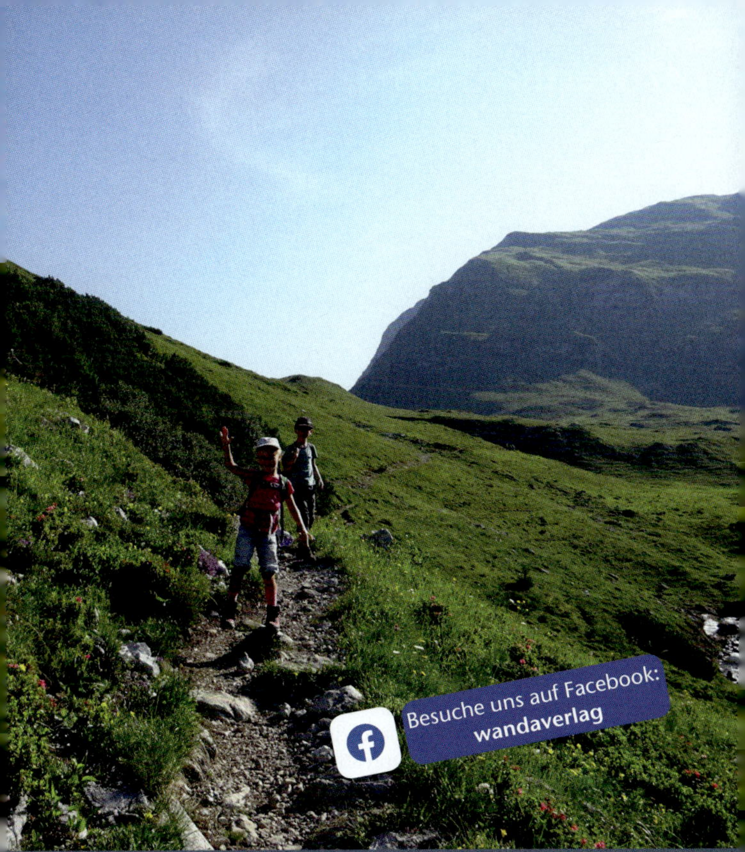

VI. Arlberg und Klostertal

47 Warther Horn (2256 m)

Warth: anspruchsvoller Gipfel mit sagenhafter Aussicht

cm

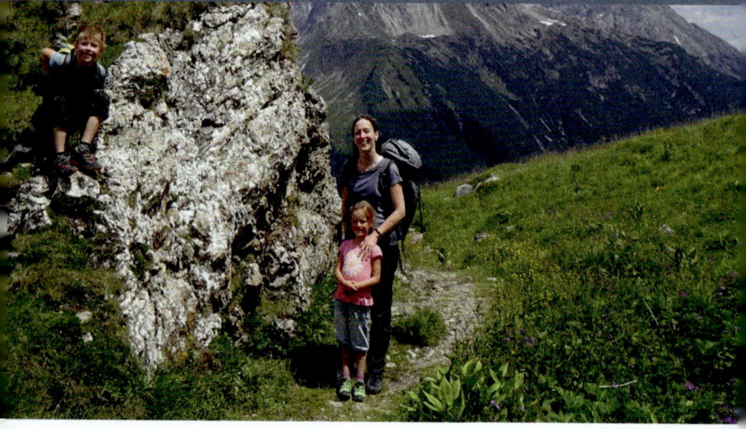

Eine Wanderung wie aus dem Bilderbuch, mit idyllischer, abwechslungsreicher Landschaft, ganz vielen Murmeltieren und phänomenaler 360°-Aussicht. Ganz nah ist das Karhorn, weiter entfernt sieht man z.B. den Widderstein und den Biberkopf, erkennbar an der Pyramidenform. Dieser Gipfel lässt jedes BerglerInnenherz höher schlagen. Auch beim Warther Horn ist die letzte Viertelstunde etwas ausgesetzt, bis zum Sattel ist die Wanderung aber auch für kleinere BergsteigerInnen geeignet.

Wetter: ○ | Anforderung: ● | Gesamtdauer: 2h

Anforderung:	Schwierig; 372 Hm; Trittsicherheit, Schwindelfreiheit und Bergerfahrung erforderlich. Letzte ¼-Stunde zum Gipfel hinauf ist ausgesetzt.
Dauer:	Eine Strecke: 1 h; 1,6 km.
Wetter:	Schönes Bergwetter.

Kindergartenkinder:	Grundsätzlich nicht geeignet, außer ihr habt Kinder, die schon durch einige Bergtouren in der gleichen Saison Kondition und Erfahrung aufbauen konnten und die außerordentlich gehfreudig und trittsicher sind.
Volksschulkinder:	Nur für sehr gute LäuferInnen, spannend, es gibt evtl. Murmeltiere zu beobachten.
Ab 10 Jahren:	Sehr gut geeignet, schöner Gipfel.

Navi: 6767 Warth, Haus Nr. 51.

Anfahrt: A14, Ausfahrt Dornbirn Nord, L200 bis Bezau – Schröcken – Warth, Talstation Steffisalpbahn.

Bus/Bahn: Hst. Steffisalpbahn, Warth, Linie 40.

Ausgangspunkt: Talstation der Steffisalp-Express-Bahn.

Infos/Gaststätten: *Keine Alpen bzw. Einkehrmöglichkeiten entlang des Weges, mehrere Gasthäuser in Warth. *Richtpreis Steffisalp-Express: Erwachsene: ca. € 16, in 3-Täler-Karte inkludiert.

Wegbeschreibung: Zuerst mit der Steffisalp-Express-Bahn bis zur Bergstation fahren, von hier in ca. 30 Minuten über schöne Blumenwiesen immer Richtung „Warther Horn" zur Bergstation Wartherhorn-Express wandern. Auffallend sind die vielen Murmeltiere und die Wahrscheinlichkeit, welche zu sehen ist, hoch – man hört sie schon von Weitem pfeifen. Hinter der Bergstation Wartherhorn-Express links wei-

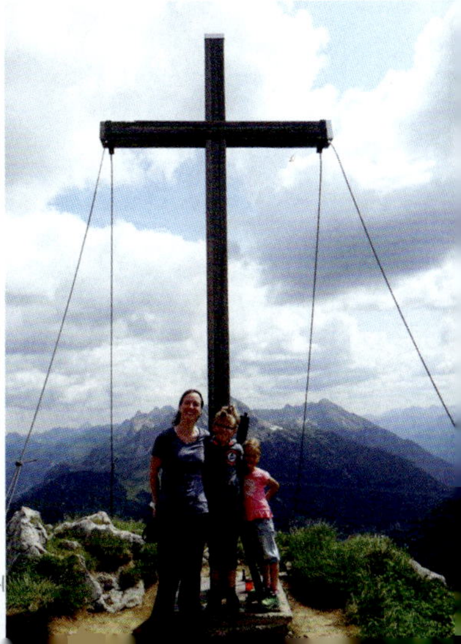

ter der Beschilderung „Warther Horn“ folgen. Nun geht's im Schatten des prägnanten und felsigen Karhorns entlang zum Wartherhornsattel. Ab hier sollte man schwindelfrei sein, die letzten 15 Minuten bis zum Warther Horn hinauf sind etwas ausgesetzt. Wer sich nicht auf den Gipfel wagt, kann auch schon am Joch Pause machen. Der Gipfelbereich ist nicht allzu groß und reicht nur für ein paar Leute zum Rasten und Ausblick genießen. Gleicher Rück- wie Hinweg.

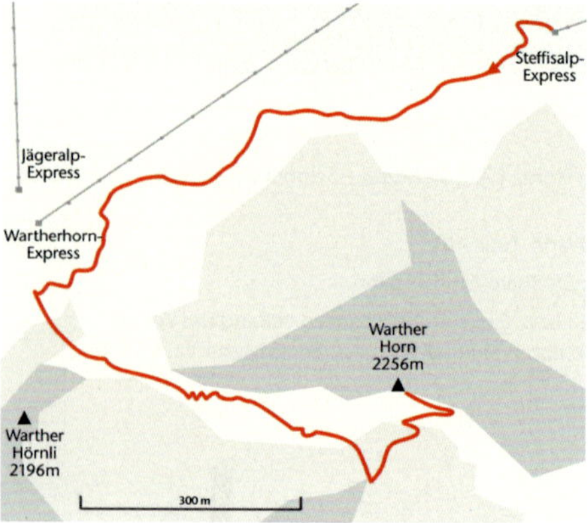

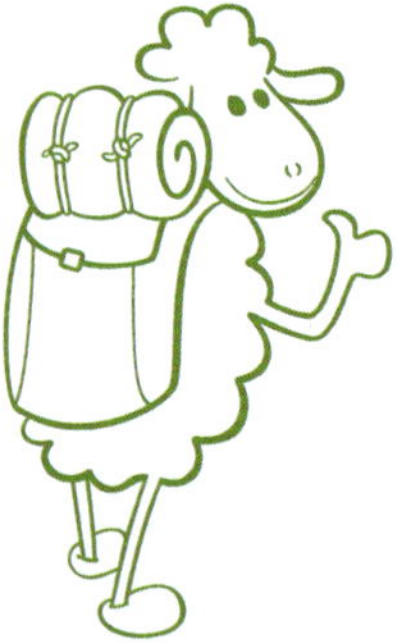

Aus der Wandertrickkiste:
Nach Blättern, Beeren, interessanten Blumen oder anderen Gewächsen suchen und bestimmen: Zu welcher Pflanze gehört das? Welche Pflanze ist das? Evtl. Pflanzenbestimmungsbuch einpacken.

48 Gipslöcher Lech (1800 m)

Lech: abwechslungsreiche besondere Landschaft

cm

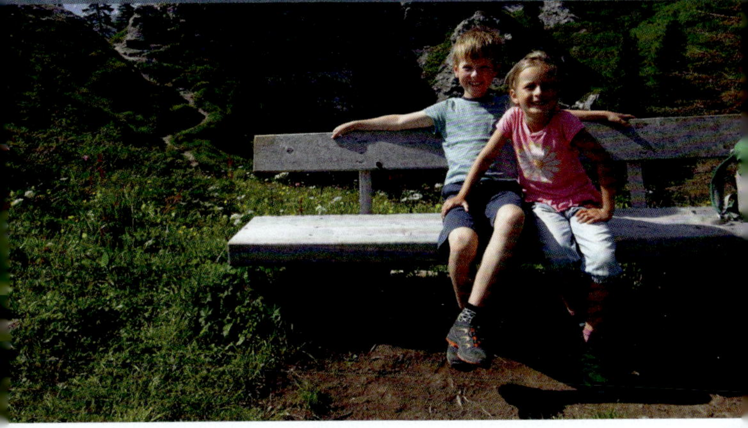

Die Gipslöcher sind mit über 1000 Dolinen eine geologische Besonderheit und ein Naturschutzgebiet. Wie ein Labyrinth führt der – nicht nur für Kinder – sehr spannende und abwechslungsreiche Weg durch die Gipslöcher. Es geht im Auf und Ab an tiefen Kratern vorbei und auch die Orientierung ist für die Kinder aufregend. Die größte Doline hat einen Durchmesser von 100 m und eine Tiefe von 35 m. Diese Landschaft bietet den Murmeltieren optimalen Schutz vor Feinden und die Chance, welche zu sehen, ist gar nicht so gering. Zum Abschluss führt der Weg über schöne Blumenwiesen wieder zurück zur Bushaltestelle. Wer Interesse an moderner Kunst hat, kann auch noch den Skyspace Lech von James Turrel bewundern, der gleich in der Nähe gebaut worden ist.

Wetter: ○ Anforderung: ● Gesamtdauer: 1 ½ h

Anforderung:	Mittel; 300 Hm, größtenteils mittlere Steigungen, für ca. 10 Minuten etwas steiler; größtenteils Wanderwege.
Dauer:	RW: 1 1/2 h; 4 km. Aufstieg zu den Gipslöchern ca. 15 Minuten, im Labyrinth 1 h einkalkulieren.
Wetter:	Schönes Wanderwetter; kein Schatten, da über der Baumgrenze; beste Wanderzeit von Juni bis September.

Kindergarten-kinder:	Geeignet für gehfreudige Kinder, der Weg ist spannend und mit etwas Glück können Murmeltiere beobachtet werden. Kleinere Kinder an der Hand führen, damit sie nicht in die Gipslöcher fallen.
Volksschulkinder:	Für dieses Alter sehr gut geeignet, siehe oben.
Ab 10 Jahren:	Sehr gut geeignet und spannend für jedes Alter.

Navi: 6764 Lech, Dorf 419.

Anfahrt: Auf der A14 Richtung Innsbruck. Die Autobahn geht nach der Ausfahrt Bludenz/ Montafon in die S16 Arlbergschnellstraße über, Ausfahrt Langen a.A./ Klösterle. Rechts Richtung Arlbergpass/Lech auf der L197, dann bei Abzweigung Zürs/ Lech auf der L198 bis Lech Ortszentrum (oder mautfrei über den Bregenzerwald L200 Bezau, Schröcken, Warth bis Lech Ortszentrum). In Oberlech gibt es so gut wie keine Parkmöglichkeiten. Am besten das Auto in Lech parken (Parkgarage Mühle und Parkgarage Anger kosten im Sommer ca. € 5, unabhängig von der Parkdauer). Empfehlung, dann mit dem Ortsbus Nr. 4 nach Oberlech zu fahren, die Endhaltestelle ist der Ausgangspunkt. Eine weitere Möglichkeit ist, mit der Gondel „Lech-Oberlech" hinaufzufahren. Dadurch verlängert sich die Wanderung um ca. 15 Min.

Bus/Bahn: Hst. Schlössle, Oberlech, Ortsbus Linie 4.

Ausgangspunkt: Der AP befindet sich direkt bei der Endbushaltestelle „Oberlech-Schlössle". Wer mit der Gondel hinauffährt, muss zum Ausgangspunkt noch ca. 15 Min. gehen. Dazu von der Bergstation dem Wegweiser Richtung „Oberlech, Schlössle", 70 Hm, folgen.

Infos/Gaststätten: *Mehrere Gasthäuser in Oberlech, *Gondel, Berg- und Talfahrt Richtpreis Erw. € 11, Kinder 6–15 Jahre ca. € 8. *Bus ist günstiger.

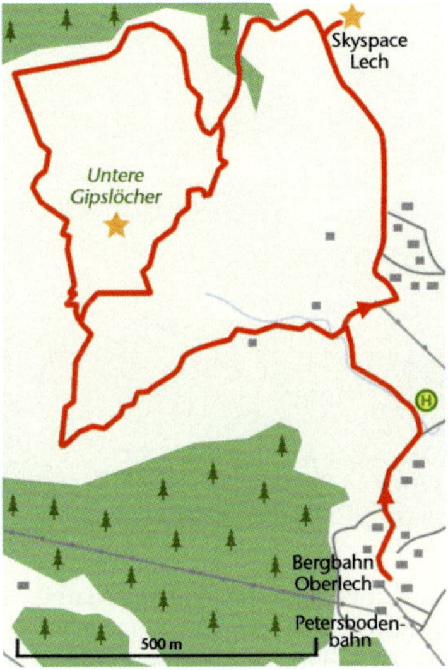

Wegbeschreibung: Im Prinzip kann man bei dieser Tour ab dem Ausgangspunkt den Schildern „Gipslöcher" folgen. Hier dennoch eine kurze Beschreibung des Wegverlaufes: Vom Ausgangspunkt zuerst bergwärts auf der Asphaltstraße, bis man nach ca. 500 m (ca. 15 Minuten Gehzeit) links auf den Wanderweg Richtung Gipslöcher abzweigt. Dieser führt in einem schönen Auf und Ab an den tiefen Kratern des Naturschutzgebietes der Gipslöcher vorbei. Es gibt verschiedene Möglichkeiten, durch dieses Labyrinth zu gehen, und egal, auf welchem Weg man herauskommt, am Ende gibt es immer einen Wegweiser, der die Orientierung erleichtert. Das Labyrinth hat verschiedene Ausgänge und wenn man vom Entdecken genug hat, wandert man einfach abwärts. Der Weg führt dann über schöne Blumenwiesen entweder zurück zur Bushaltestelle „Oberlech-Schlössle" oder zur Bergstation der Gondel „Oberlech".

49 Monzabonsee (2362 m)

Lech: idyllischer Bergsee in traumhafter Kulisse

cm

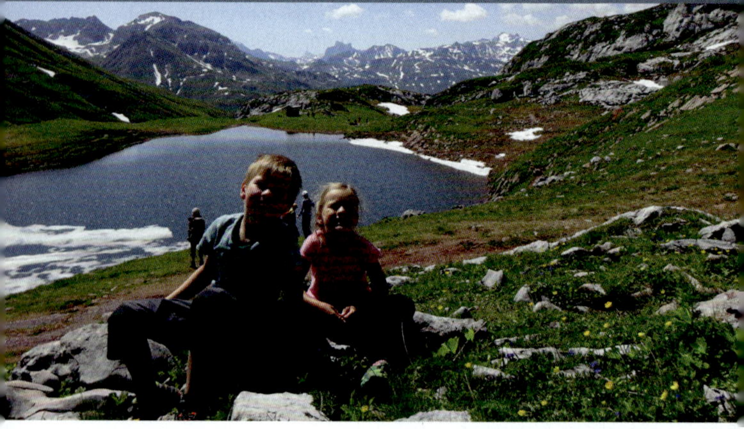

Mit der Bahn kommt man schon auf über 2000 m hinauf und damit auch ins Hochgebirge. Der Monzabonsee liegt wunderschön mit beeindruckendem Bergpanorama. Zu Beginn des Sommers könnte sogar noch Schnee liegen und bei unserer Wanderung schwammen noch im Juli die Eisschollen im See. Es gibt viele Murmeltierfamilien aus nächster Nähe zu bestaunen und mit Glück können sogar die scheuen Birkhühner/Schneehühner beobachtet werden. Wer ein Fernglas zu Hause hat, unbedingt mitnehmen.

Wetter: ☀ ○ Anforderung: ● ● Gesamtdauer: 1 h

Anforderung:	Leicht–mittel; 150 Hm, erst hinunter, dann wieder hinauf; Schotterweg, kurzes, steileres Stück.
Dauer:	RW: 1 h; 2,5 km.
Wetter:	Schönes Bergwetter, kein Schatten; beste Wanderzeit von Juni bis September.

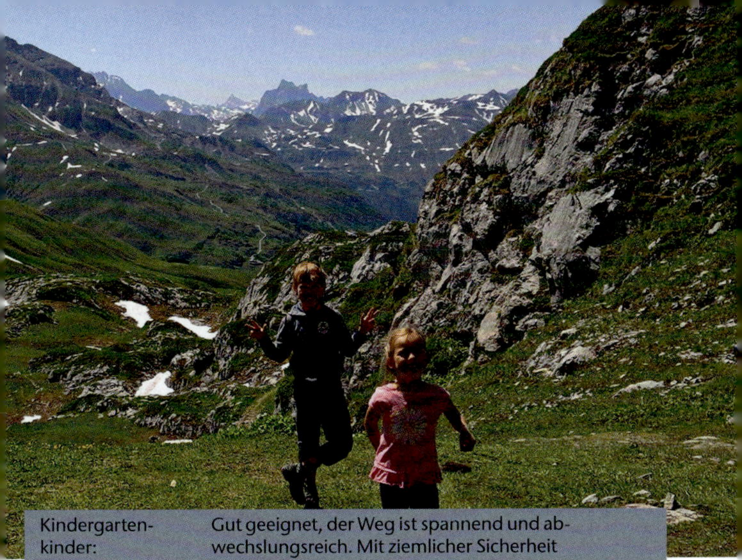

Kindergarten-kinder:	Gut geeignet, der Weg ist spannend und abwechslungsreich. Mit ziemlicher Sicherheit können Murmeltiere beobachtet werden. Der Postkasten, siehe unter Tipps, ist spannend.
Volksschulkinder:	Perfekt für dieses Alter geeignet, siehe oben.
Ab 10 Jahren:	Siehe oben.

Navi: 6764 Lech, Dorf 419.

Anfahrt: Auf der A14 Richtung Innsbruck. Die Autobahn geht nach der Ausfahrt Bludenz/ Montafon in die S16 Arlbergschnellstraße über. S16, Ausfahrt Langen a.A./ Klösterle rechts Richtung Arlbergpass/Lech auf der L197, dann bei Abzweigung Zürs/ Lech auf der L198 bis Lech Ortszentrum (oder mautfrei über den Bregenzerwald L200 Bezau, Schröcken, Warth bis Lech Ortszentrum). Am besten das Auto in Lech parken (Parkgarage Mühle und Parkgarage Anger kosten im Sommer ca. € 5 unabhängig von der Parkdauer).

Bus/Bahn: Hst. Rüfikopf Seilbahn, Lech, verschiedene Linien.

Ausgangspunkt: Der AP befindet sich direkt bei der Rüfikopf-Seilbahn-Bergstation.

Infos/Gaststätten: *Mehrere Gasthäuser in Lech. *Panoramarestaurant Bergstation Rüfikopf. *Bahnfahrt Richtpreis Erw. ca. € 19, www.ruefikopf.at (in V-Card enthalten).

Wegbeschreibung:
Mit der Gondel geht es auf den Rüfikopf (2.350 m). An der Bergstation der Rüfikopfbahn angekommen, dem breiten, beschilderten Weg bis zum Monzabonsee folgen. Der breite Schotterweg führt zu einem Felsen, hier unbedingt den rechten Weg abwärts wählen. Wir haben auch den linken Weg ausprobiert, er ist jedoch sehr steil und führt über die Schipiste. Beim See angelangt am besten rechts den schmalen Wanderweg wählen, der zum Postkasten führt. Entweder nun den See umrunden oder am gleichen Weg wieder zurück. Für den Retourweg zur Bergstation hinauf empfehlen wir den gleichen Rück- wie Hinweg, weil auch der Aufstieg über die Schipiste für Kinder zu steil und nicht attraktiv ist.

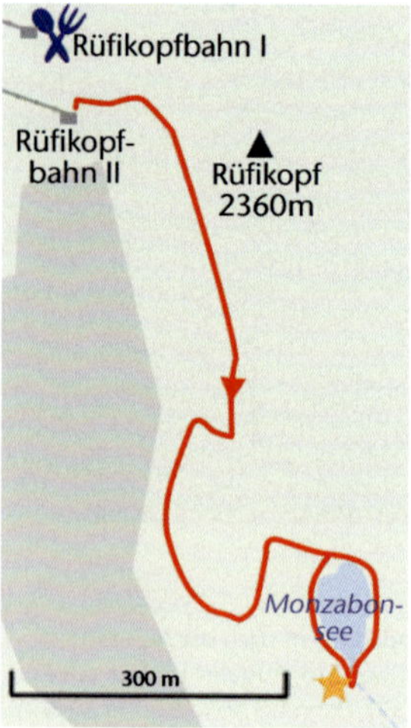

Tipp:
Im Postkasten am Monzabonsee gibt es Postkarten zur freien Entnahme. Diese können vor Ort geschrieben und wieder eingeworfen werden. Die Post wird abgeholt und einmal im Jahr versandt, eine nicht nur für Kinder absolut nette Idee.

50 Zur Ravensburger Hütte (2009 m)

Lech: spannende Zwei-Tages-Hüttentour am Spullersee

cm

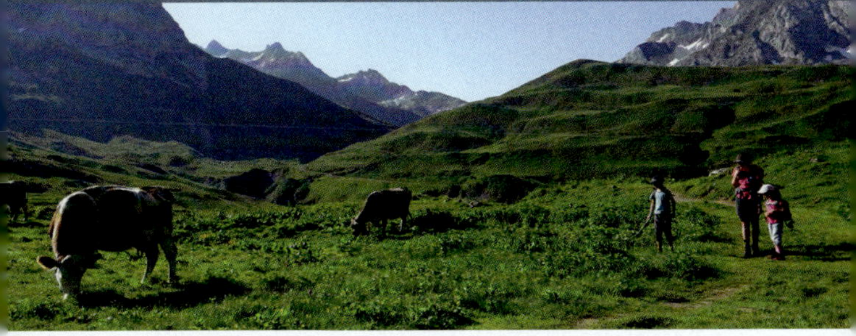

Der Weg zur Ravensburger Hütte ist eine wunderschöne Bergtour, die Aussicht über den Spullersee ist beeindruckend. Die Tour kann mit gehfreudigen Kindern auch an einem Tag gemacht werden, wir empfehlen jedoch eine Übernachtung, weil dadurch die Tagesetappen gemütlich und nicht anstrengend sind. Das Übernachten in einem Bettenlager ist ein spannendes Erlebnis, unbedingt jedoch reservieren! Wer nicht übernachten möchte, kann auch von der Ravensburger Hütte am gleichen Weg oder mit geringfügiger Abweichung rund um den Spullersee wieder retour laufen. Hinweis: Für weitere Zwei- oder Mehrtagestouren mit Kindern gibt es bei uns auch ein eigenes Buch: Trekking für alle in Deutschland, Österreich und in Südtirol.

Wetter: Anforderung: Gesamtdauer: 3 ½ h

Anforderung: Mittel bei Aufteilung auf 2 Tage; insgesamt 370 Hm aufwärts, 714 Hm abwärts.

Dauer: Eine Strecke: 1. Tag 1 h; 2,2 km. 2. Tag: 2 ½ h; 5,5 km.

Wetter: Schönes Bergwetter (Wetterbericht einholen, Gewitterwarnungen beachten); fast kein Schatten, beste Wanderzeit von Juni bis September.

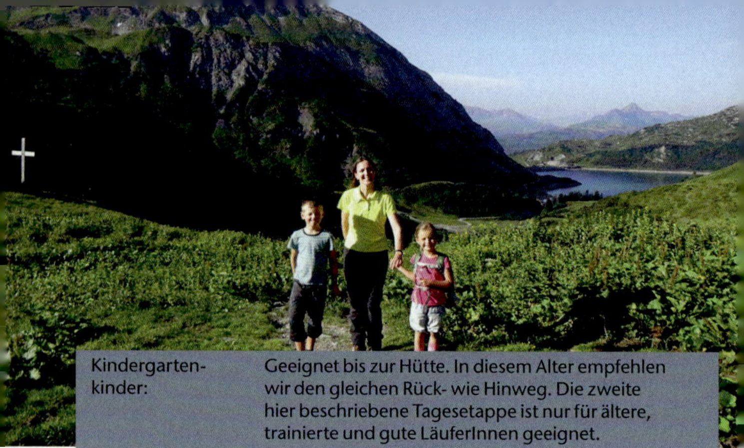

Kindergarten-kinder:	Geeignet bis zur Hütte. In diesem Alter empfehlen wir den gleichen Rück- wie Hinweg. Die zweite hier beschriebene Tagesetappe ist nur für ältere, trainierte und gute LäuferInnen geeignet.
Volksschulkinder:	Sehr gut geeignet, siehe oben.
Ab 10 Jahren:	Perfekt geeignet.

Navi: 6764 Lech; Dorf 419.

Anfahrt: Auf der A14 Richtung Innsbruck. Die Autobahn geht nach der Ausfahrt Bludenz/ Montafon in die S16 Arlbergschnellstraße über. S16, Ausfahrt Langen a.A./ Klösterle rechts Richtung Arlbergpass/Lech auf der L197, dann bei Abzweigung Zürs/ Lech auf der L198 bis Lech Ortszentrum (oder mautfrei über den Bregenzerwald L200 Bezau, Schröcken, Warth bis Lech Ortszentrum). Am besten das Auto in Lech parken (Parkgarage Mühle und Parkgarage Anger kosten im Sommer ca. € 5, unabhängig von der Parkdauer). Dann den Wanderbus vor dem Postamt Richtung Spullersee nehmen, die Endhaltestelle ist der Ausgangspunkt, Fahrzeit ca. 40 Min., siehe Infos.

Bus/Bahn: Hst. Postamt, Lech, Linie 91 oder 40, von dort weiter mit Ortsbus Linie 6, Hst. Spullersee.

Ausgangspunkt: Der AP befindet sich direkt bei der Endbushaltestelle „Spullersee".

Infos/Gaststätten: *Ravensburger Hütte, dt. Alpenvereinshütte, Tel. +43 664 5005526 (nur im Sommer bewirtschaftet), für Übernachtungen unbedingt vorab reservieren, www.ravensburgerhuette.at, Kinderspielplatz. *Richtpreis für die ca. 35-minütige Busfahrt Erw. € 20, Bus fährt stündlich außer in der Mittagspause, genauere Infos unter: www.lechzuers.com/service/ortsbus. *Wanderbus ab dem Fischteich fährt regelmäßig in der Wandersaison, bitte vorsichtshalber Abfahrtszeiten überprüfen.

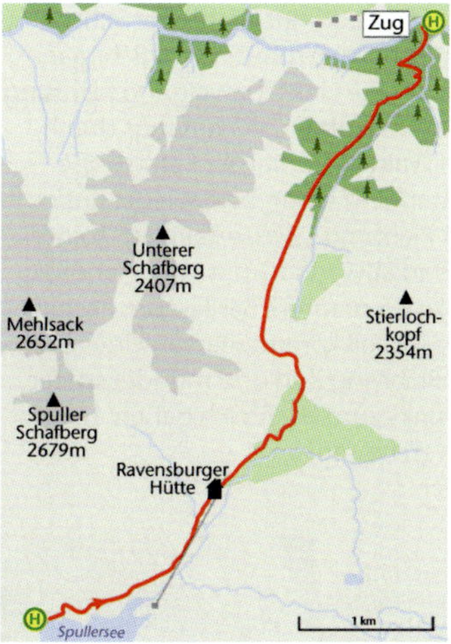

Wegbeschreibung: An der Bushaltestelle am Spullersee angekommen, gibt es im Prinzip zwei Möglichkeiten um den Stausee. Wir empfehlen, links über die Staumauer zu gehen und dann über den darauf folgenden Trampelpfad zur „Ravensburger Hütte“ aufzusteigen. (Anmerkung: Der rechts wegführende Weg um den See ist sogar kinderwagentauglich, aber ein breiter Schotterweg und daher für Kinder nicht so interessant. Evtl. wäre dieser Weg eine Alternative, wenn man nur bis zur Hütte aufsteigt und wieder zum See retour geht.) Der Pfad steigt mäßig an und führt über offenes Wiesengelände zur Ravensburger Hütte. Rechts unten liegt der tiefblaue Spullersee und nach insgesamt ca. 1 Stunde Gehzeit ist die familienfreundliche Hütte erreicht. Auch von hier hat man einen schönen Ausblick auf den Spullersee. Wenn die Lager oder Zimmer bezogen sind und noch etwas Zeit ist, kann man zur ca. 15 Minuten entfernten, bewirtschafteten Alpe „Brazer Staffel“ einen Abstecher machen.

Am 2. Tag: Mit einem guten Frühstück gestärkt geht's am nächsten Tag Richtung „Stierlochjoch“. Hinweis: Wir empfehlen auch hier, den schmalen Weg zu nehmen, weil dieser schöner zum Wandern ist. Man geht über schöne Alpenrosenwiesen, links und rechts ragen die Berggipfel auf und verstreut grasen die Kühe und Kälber. Das Stierlochjoch ist in ca. einer halben Stunde erreicht. Das ist eine Art Sattel und der höchste Punkt der Wanderung, jedoch nicht recht einladend zum Rasten. Kurz vor dem Stierlochjoch beginnt ein breiter Schotterweg, der ab dem Sattel mäßig steil bergab führt. Nach nicht ganz einer Viertelstunde gut Acht geben auf die Linksabzweigung Richtung „Lech“. Nun dem schmalen Wanderweg folgen, der anfangs durch die Latschen und später durch den Wald führt. Bei der Forststraße angelangt, kurz rechts bergauf gehen und schon bald wieder links abzweigen und der Beschilderung Richtung „Wasserfallweg“ folgen. Nun geht es auf einem schmalen Pfad abwärts zum wunderschönen Wasserfall. Direkt beim Wasserfall laden mehrere Bänke zum Rasten ein. Wenige Minuten nach dem Wasserfall kommt man an einer Grillstelle vorbei, der Weg führt weiter Richtung Zug und mündet später in einen breiten Spazierweg. Dort links zum Fischteich gehen, um mit dem Wanderbus zurück nach Lech zu fahren.

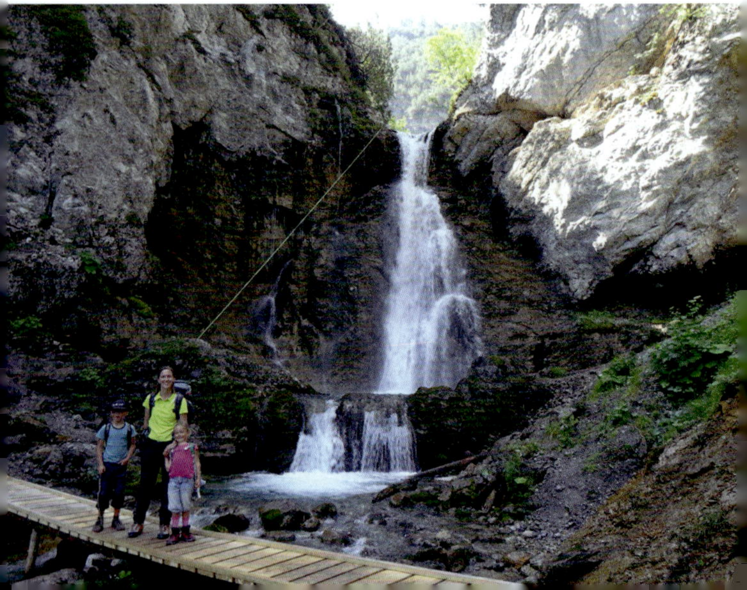

51 Sonnenkopf & Muttjöchle (2000 m)

Wald am Arlberg: Erlebniswelt am Berg

si

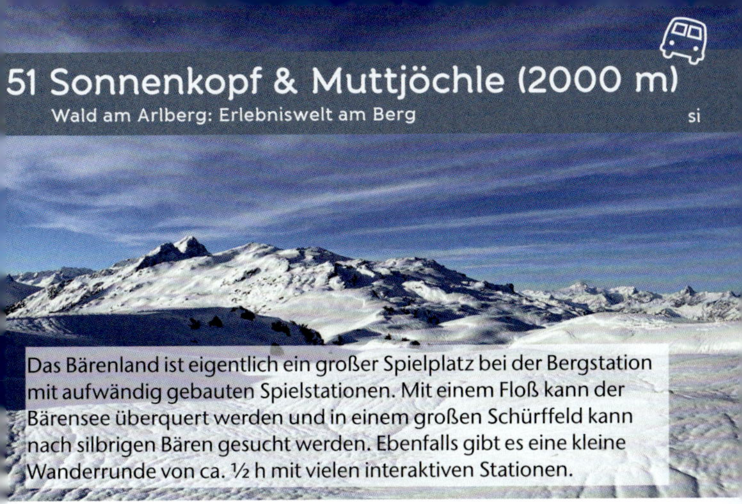

Das Bärenland ist eigentlich ein großer Spielplatz bei der Bergstation mit aufwändig gebauten Spielstationen. Mit einem Floß kann der Bärensee überquert werden und in einem großen Schürffeld kann nach silbrigen Bären gesucht werden. Ebenfalls gibt es eine kleine Wanderrunde von ca. ½ h mit vielen interaktiven Stationen.

Wetter: [Sonne/Schneemann/Halbschatten-Symbole] Anforderung: [gelber Punkt] Gesamtdauer: 1–3 h

Anforderung:	Leicht; 50 Hm.; Verlängerung: 250 Hm.
Dauer:	Eine Strecke: ½ h; ca. 1 km; Verlängerung: 1 ½ h, 3 km.
Wetter:	Schönes Wanderwetter; keine Bäume, aber Sonnenschirme u. kleine Schattenplätze vorhanden.

Kindergartenkinder:	Sehr geeignet für Kindergartenkinder, da die Runde sehr kurz ist und mit vielen netten Stationen zum Spielen einlädt. Es gibt auch einen kurzen interaktiven Bärenweg.
Volksschulkinder:	Siehe oben.
Ab 10 Jahren:	Auch für größere Kinder ein Erlebnis. Es gibt auch die Möglichkeit, größere Runden zu gehen, zu empfehlen wäre die Wanderung zum Muttjöchle (ein Weg ca. 3 km, 1 ½ h Gehzeit und ca. 250 Hm), auch im Winter ein sehr beliebter und präparierter Weg. Mehr Infos auf der Homepage des Sonnenkopfs.

Navi: 6754 Klösterle am Arlberg, Danöfen 125a.

Anfahrt: S16, Abfahrt Wald am Arlberg, das Skigebiet Sonnenkopf ist gut angeschrieben.

Bus/Bahn: Linie 90 vom Bahnhof Bludenz bis Wald Göttschlig, danach noch ca. 500 m, also 5 Minuten Gehzeit bis zur Sonnenkopfbahn.

Ausgangspunkt: Bergstation der Sonnenkopfbahn.

Infos/Gaststätten: *Bergrestaurant am Sonnenkopf, liegt bei der Bergstation der Sonnenkopfbahn, Tel. +43 55 82 2920, www.sonnenkopf.com,Öffnungszeiten nach den Betriebszeiten der Bergbahn, RP Erw. € 19, Ki. € 10. *Panoramarestaurant Muttjöchle, nur im Winter geöffnet, liegt auf dem Winterwanderweg zum Muttjöchle (Gehzeit: ein Weg ca. ¾–1 h), Öffnungszeiten nach der Bahn.

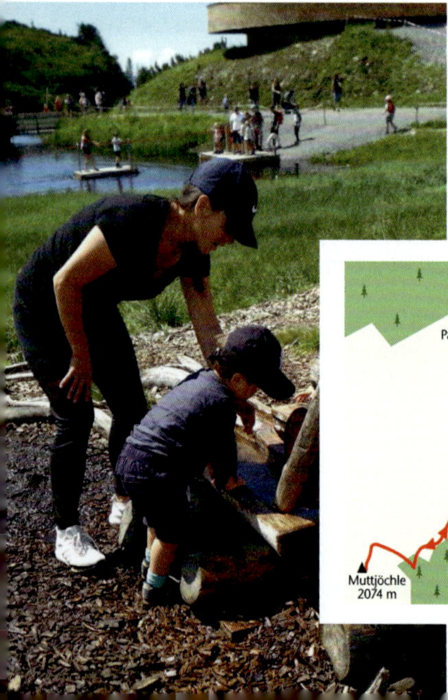

Wegbeschreibung: Für die Wanderung zum Muttjöchle den Wegweisern bei der Bergstation folgen. Der schöne Panoramaweg geht mit Blick zum Bärenland auf der rechten Seite weg. Gleicher Rück- wie Hinweg.

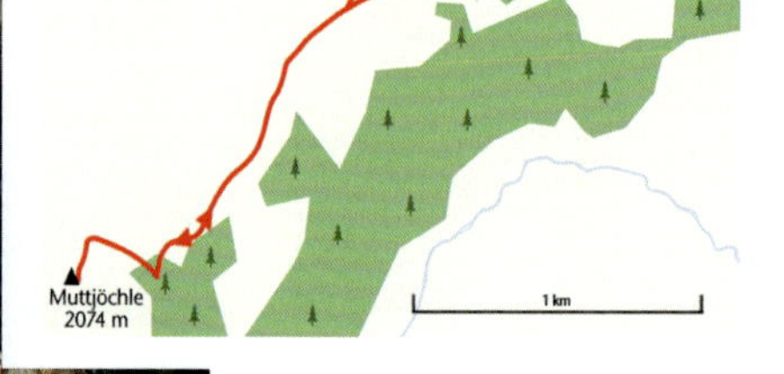

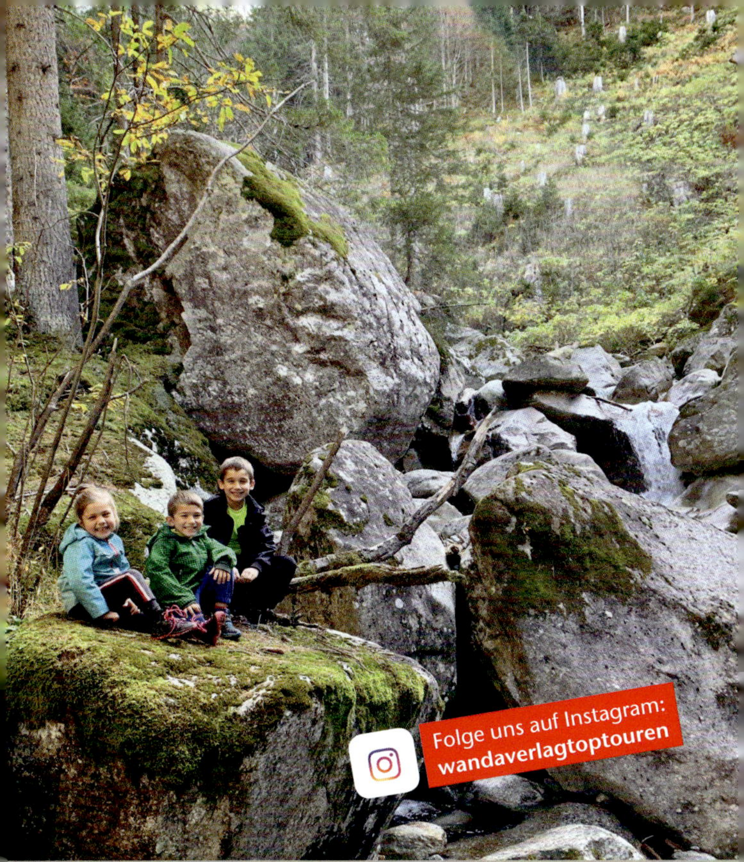

VII. Montafon und Brandnertal

52 Tierweltenweg (1608 m)

Brand: Entdeckung der Tierwelten im Gebirge

si

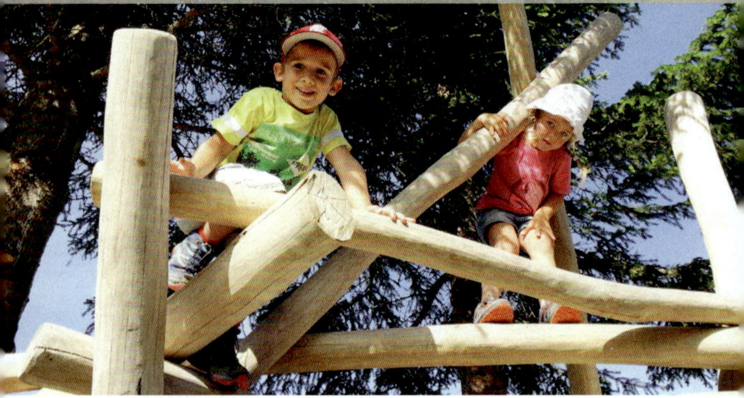

Diese Wanderung verbindet die zwei Bergstationen der Dorf- und Palüdbahn. Dazwischen befinden sich nette interaktive Spielstationen für Kinder, wie z.B. eine lebensgroße Bienenwabe, ein Adler, bei dem man die Spannweite der Flügel erahnen kann, ein kleiner Teich, ein Kletterturm u.v.m. Es gibt verschiedene Möglichkeiten, diesen Weg zu gehen. Damit man am Ende der Wanderung nicht auf den Bus warten muss ist, empfehlen wir, das Auto bei der Dorfbahn zu parken, den Bus zur Palüdbahn zu nehmen und mit der Gondel hinauf zur Bergstation Palüd zu fahren. Beide Bahnen sind immer wieder in der V-Card (siehe Info) inkludiert.

Wetter: Anforderung: Gesamtdauer: 3 ½ h

Anforderung:	Mittel; ca. 280 Hm; Schotterstraße.
Dauer:	Eine Strecke: ca. 1 ¾ h, 4,1 km.
Wetter:	Schönes Wanderwetter.

Kindergarten-kinder:	Sehr gut geeignet, da die interaktiven Stationen die Kinder zum Weiterlaufen motivieren.
Volksschulkinder:	Sehr gut geeignet.
Ab 10 Jahren:	Sehr gut geeignet.

Navi: 6708 Brand bei Bludenz, Innertal 58.

Anfahrt: A14 Autobahnausfahrt Brandnertal, weiter nach Brand, danach bis zur Dorfbahn oder: Bludenz (wenn vom Arlberg kommend), durch Bürs durchfahren, links Richtung Brandnertal abbiegen.

Bus/Bahn: Hst. Dorfbahn oder Palüdbahn, Linie 81.

Ausgangspunkt: Bergstation Palüdbahn.

Infos/Gaststätten: *Alpe Parpfienz, typische Senner-Alpe mit eigenen Spezialitäten, kl. Spielplatz, geöff. Mitte Juni–Anf. Sept., Tel. +43 5559 400. *Alpengasthof Melkboden, regionale Produkte, kl. Spielplatz, www.melkboden.at. *Niggenkopfstüble, Kiosk mit kleiner Karte, Getränke, www.niggenkopf.at. *V-Card, Vergünstigungen mit Familienpass, www.v-card.at, Tel. +43 5572 377033. *Bergbahnen Brandnertal, RP Familienticket (1 Erw. + Kinder) € 43,40, Familienticket (2 Erw. + Kinder): € 68,90, www.vorarlberg-alpenregion.at.

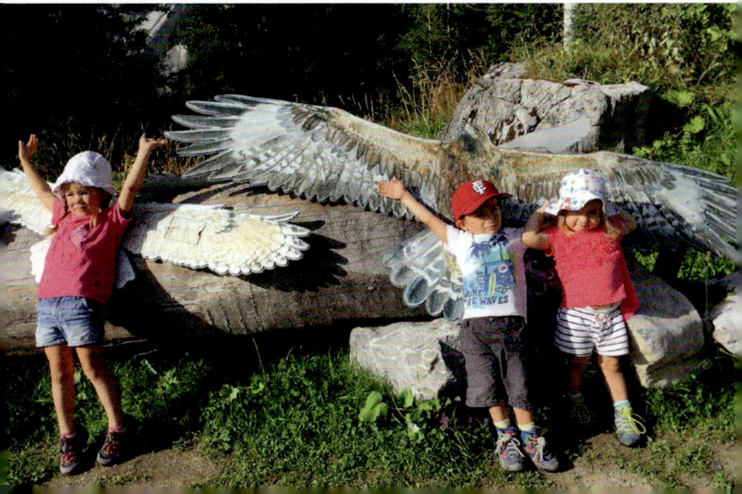

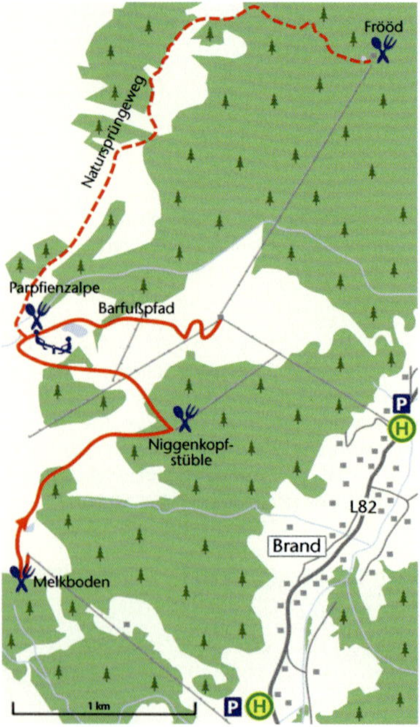

Wegbeschreibung: Bei diesem Weg gibt es mehrere Varianten. Wir empfehlen mit der Auffahrt der Palüdbahn zu beginnen, weil dadurch die Verbindung zum Natursprüngeweg (aus unserem Kinderwagen-Wanderbuch) sehr gut möglich ist. Von der Bergstation führt der beschilderte Tierweltenweg zuerst leicht aufwärts. Vor der Palüdhütte kommt ein kurzes, steiles Stück und danach geht es gemächlich abwärts. Immer wieder gibt es die Möglichkeit, einzukehren und alle 10–15 Minuten befinden sich sehr nette Stationen. Gleich zu Beginn kommt man am Alpengasthof Melkboden vorbei, später folgt die Palüdhütte. Nach ca. einer halben Stunde Gehzeit folgt das Niggenkopfstüble und zum Schluss die Parpfienz Alpe. Hinter der Alpe befindet sich ein netter Barfußweg.

53 Lünersee-Rundweg (1970 m)

Brand: gemütliche Wanderung um den Stausee

si

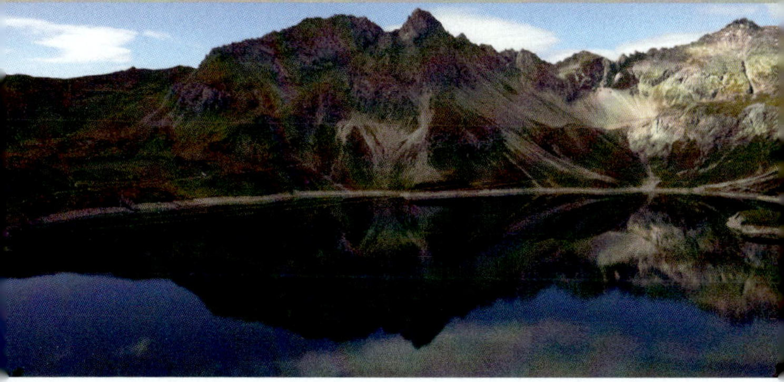

Die Wanderung beginnt schon recht hoch oben und führt auf gut ausgebauten Wegen um den Stausee herum. Der bei Anglern beliebte See liegt in einem Kessel, umgeben von schönen Berggipfeln, wie dem Seekopf oder dem Rossberg. Ab und zu queren Bächlein den Weg und bei der Alpe Lünersee gibt es ein paar Weidetiere zum Beobachten. Immer wieder laden Bänke zum Rasten und Genießen ein. Der Lünersee mit seinem türkisblauen Wasser wurde 2019 in der ORF-Sendung „9 Plätze, 9 Schätze“ zum schönsten Ort in Österreich gewählt.

Wetter: Anforderung: Gesamtdauer: 2 ½ h

Anforderung:	Mittel; 100 Hm; für ca. 10 Min. steiler Abschnitt, ansonsten guter Schotterweg.
Dauer:	RW: 2 ½ h; ca. 6 km.
Wetter:	Schönes Bergwetter, warme Bekleidung mitnehmen, Wetter kann schnell umschlagen.

Kindergarten-kinder:	In diesem Alter empfehlen wir bis zur Alpe Lünersee mit gleichem Rück- wie Hinweg zu gehen. Dazu von der Bergstation rechts gehen, sodass also der See auf der linken Seite liegt.
Volksschulkinder:	Gut geeignet, bei der Bergstation winkt als Belohnung ein kleiner Spielplatz. Ab und zu hört man das Pfeifen der Murmeltiere. Auch Gondelfahrten sind für Kinder meistens interessant.
Ab 10 Jahren:	Gut geeignet, auch für sonst eher gehfaule Kinder.

Navi: 6708 Brand-Schattenlagant, Lünerseebahn.

Anfahrt: A14 Abfahrt Brandnertal (Nr. 58), immer der Bundesstraße L82 Richtung Brandnertal folgen. Durch das Dorf bis ans Ende der Straße fahren.

Bus/Bahn: Linie 81 ab Bahnhof Bludenz.

Ausgangspunkt: Bergstation Lünerseebahn.

Infos/Gaststätten: *Douglas-Hütte direkt bei der Bergstation, kleiner Spielplatz, Terrasse mit Ausblick auf den See, ÜN-Möglichkeiten, Bergfrühstück, Tel.: +43 664 4412378, www.douglashuette.at, geöffnet v. Ende Mai–Mitte Okt. *Alpe Lünersee, kleine Jausenkarte, Kiosk. *Lünerseebahn, www.luenersee.at, RP Berg- und Talfahrt Erw. € 18,90, Ki. € 11,40.

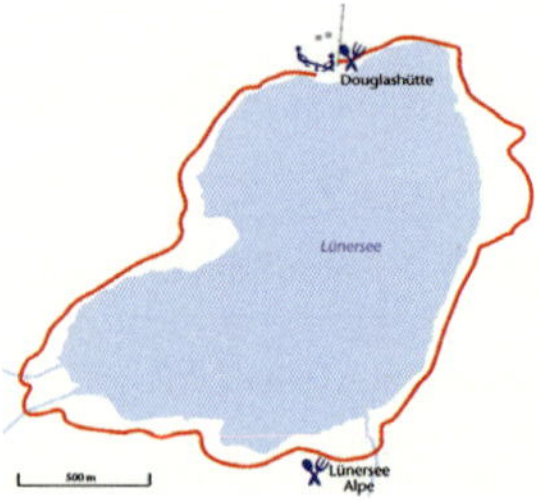

Wegbeschreibung: Mit Blick auf den See gehen wir links über die Staumauer. Bald darauf gilt es, das einzige steile Stück der Wanderung zu überwinden. Für ca. 10 Minuten geht es steil hinauf. Dieser Abschnitt ist für Kinderwagen ungeeignet. Oben hat man einen sehr schönen Ausblick über den ganzen Stausee und ins Brandnertal. Da der Weg durchwegs fast unmittelbar entlang des Sees führt, kann man sich praktisch nicht verirren, zusätzlich weisen Schilder den Weg zur Lünerseealpe, die zu einer Rast einlädt. Danach immer dem recht flachen Weg rund um den See zurück zur Douglas-Hütte folgen.

54 Bergerlebnis Silberpfad (1400 m)

Kristberg: zur Geschichte der Silbergewinnung

si

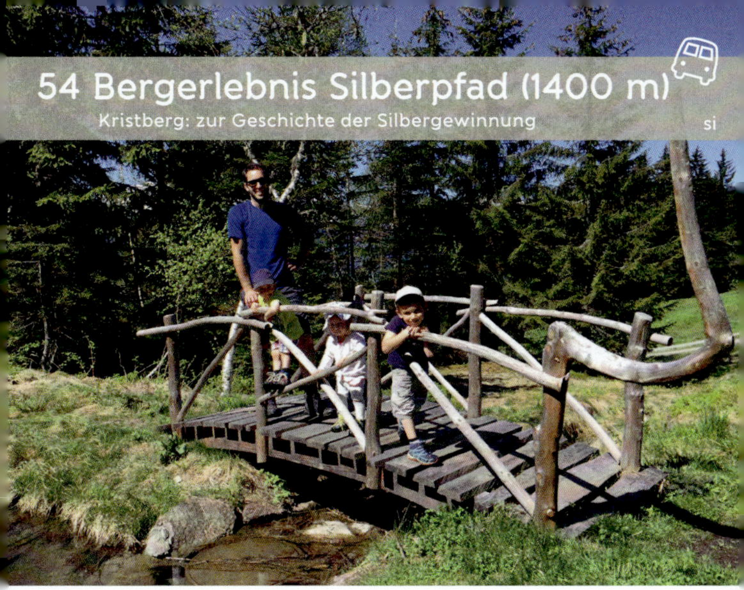

Dieser Weg beginnt bei der Bergstation der Kristbergbahn und hat zwölf interaktive Stationen zum Thema Bergbau im Montafon. Allein bei der ersten Station waren unsere Kinder über 10 Minuten beschäftigt. Die Wegführung ist sehr nett mit Holzbrücken und kleinen Bächen.

Wetter: Anforderung: Gesamtdauer: 1 ½ h

Anforderung: Leicht; ca. 50 Hm; kurze steile Teilstücke; Kieswege.

Dauer: RW: 1 ½ h; 2,7 km.

Wetter: Schönes Bergwetter.

Kindergarten-kinder:	Sehr gut geeignet, die Stationen sind sehr kindgerecht und die Strecke ist kurz.
Volksschulkinder:	Sehr gut geeignet.
Ab 10 Jahren:	Sehr gut geeignet.

Navi: 6782 Silbertal, Dorfstraße 19.

Anfahrt: Autobahnausfahrt Bludenz/Montafon, Richtung Schruns, in Schruns links ins Silbertal bis zur Kristbergbahn.

Bus/Bahn: Linie 88, Hst. Silbertal-Kristbergbahn.

Ausgangspunkt: Parkplatz Kristbergbahn.

Infos/Gaststätten: Gaststätten am Weg: *Panoramagasthof Kristberg, sehr netter Spielplatz etwas unterhalb des Gasthauses, Tel.: +43 5556 72290, www.kristberg.at. *Gasthaus Knappastoba, Tel. +43 5556 72480, www.knappastoba.at. *Bergerlebnisweg Silberpfad, www.montafon.at/kristberg/de. *Kristbergbahn, geöff. Mai–Nov., RP 1 Erw.+ Kinder € 28,40, 2 Erw.+ Kinder € 46,40, www.montafon.at/kristberg.

Wegbeschreibung: Der Weg beginnt bei der Bergstation der Bahn und ist bestens beschildert. Begleitet wird die Wanderung durch das Bergbaumännchen "Silbi".

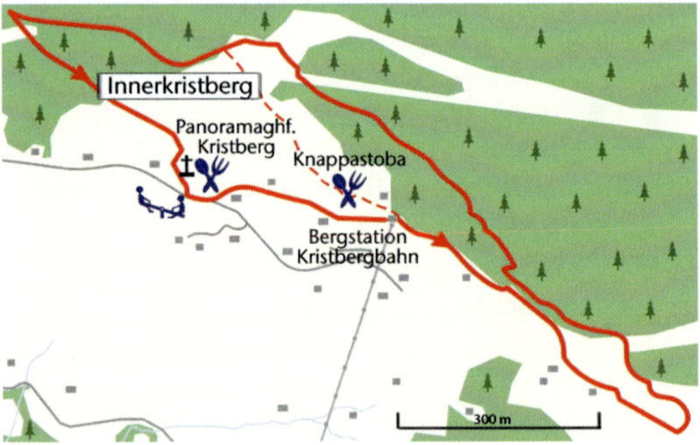

55 Waldwiesenweg Kropfen (1850 m)

Schruns: schöner Waldwiesenweg über Stock und Stein

si

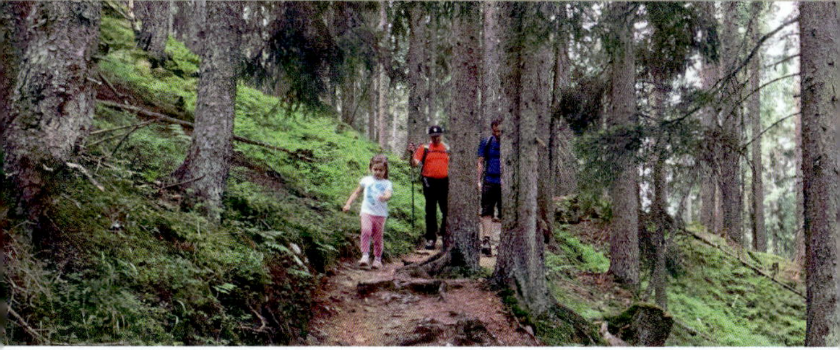

Das Hochjoch in Schruns ist im Sommer wie im Winter ein Abenteuerberg für SportlerInnen. Der Weg führt immer abwärts, zuerst über Alpwiesen (Schigebiet) und später durch den Wald. Obwohl es während des Abstiegs keine besonderen Attraktionen gibt, hat unseren Kindern der Weg mit seinen Wurzeln und verwachsenen Bäumen sehr gut gefallen. Im Sommer gibt es bei der Bergstation der Hochjochbahn einen viel beworbenen Motorikspielplatz.

Wetter: Anforderung: Gesamtdauer: 3 h

Anforderung:	Schwierig; 485 Hm abwärts; Wald- und Wiesenwege mit vielen Wurzeln.
Dauer:	Eine Strecke: 1 ½ h; 2,7 km.
Wetter:	Schönes Bergwetter, bei Nässe rutschig.

Kindergartenkinder:	Für Kinder in diesem Alter nicht geeignet.
Volksschulkinder:	Durch das permanente Abwärtsgehen kann die Strecke anstrengend für Kinder sein. Es gibt hin und wieder Bänke im Wald für eine Pause. Spielplatz bei der Bergstation.

Ab 10 Jahren:	Sehr gut geeignet. Alternative Routen und sogar Klettersteige siehe unter Infos.

Navi: 6780 Schruns, Bergbahnstraße 22.

Anfahrt: A14, Abfahrt Bludenz-Montafon, Richtung Schruns, bei der Kreuzung beim Sutterlüty links Richtung Zentrum fahren und der Beschilderung folgen.

Bus/Bahn: Ortsbus Linie 2a und 2b, Hst. Schruns Hochjoch Bahn.

Ausgangspunkt/P: Bergstation Hochjoch Bahn.

Infos/Gaststätten: *Kapellrestaurant; nettes Restaurant mit tollem Blick von der Sonnenterrasse, sehr schöner Spielplatz; www.silvretta-montafon.at (alternative Routen). *Gasthaus Kropfen Hochjoch; uriges Gasthaus im Montafoner Stil mit Spielplatz bei der Mittelstation; kropfen-hochjoch.at; Ruhetag: Mo. *Richtpreis für die Bahn (3 Sektionen): Erw. €19,10, Kinder ab 6 Jahren € 11,50.

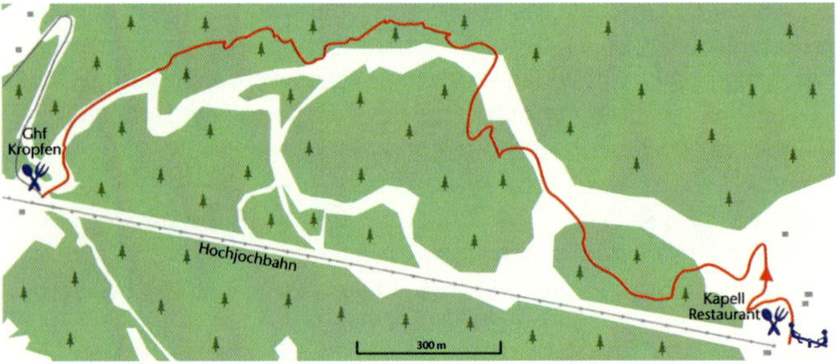

Wegbeschreibung: Beim Ausgangspunkt dem Wegweiser Richtung „Kropfen über Waldweg" folgen. Beim zweiten Wegweiser dann der weiß-rot-weißen Markierung folgen. Nach einem kurzen Stück über eine Wiese geht der Weg in einen sehr schönen Wurzelweg im Wald über. Nun wechselt die Wegführung immer zwischen Wald- und Wiesenweg hin und her. Bei der Mittelstation geht es wieder mit der Bahn hinunter.

56 Gargellner Fenster Weg (1375 m)

Gargellen: schöner Themenweg rund ums Dorf

si

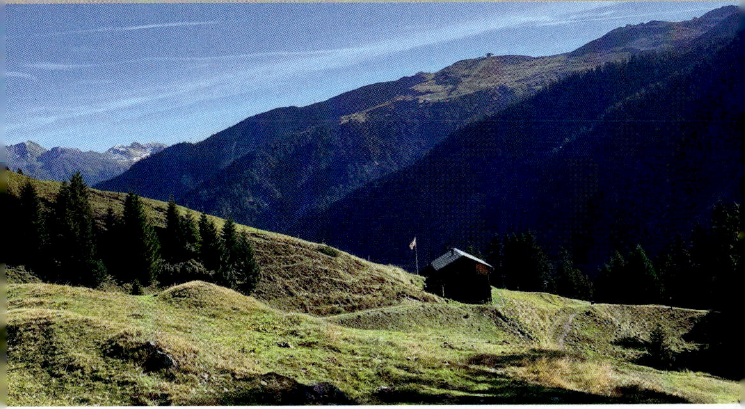

Auf diesem schön angelegten Maisäß-Rundweg rund ums Dorf bekommt ihr einen tollen Blick auf interessante Begebenheiten aus vergangener Zeit. Die Gargellner Fenster sind eine geologische Besonderheit, die sich in Form von einzelnen Kalkfelsen im Urgesteinsmassiv zeigt. Die Wanderung führt durch den Wald über Maisäßwiesen zur Ronggalpe. Durch die Stationen und die vielen Bänkle regt der Themenweg zum Innehalten und Erforschen an. Ein wirklich empfehlenswerter und erlebnisreicher Rundweg mit vielen Etappenzielen.

Wetter: Anforderung: Gesamtdauer: 2 ¾ h

Anforderung:	Mittel; 340 Hm; Weg vom Röbimäisäß teils steil bergab; Schotterwege, Wald- und Wurzelwege, teils abschüssige Wege – Kinder an der Hand führen.
Dauer:	RW: 2 ¾ h; 6,7 km.
Wetter:	Schönes Wanderwetter.

Kindergartenkinder:	Nicht geeignet, zu lange und teils abschüssig.
Volksschulkinder:	Ab ca. 8 Jahren für geübte und trittsichere Kinder geeignet, da der Weg mit ca. 6,7 km doch eher lang ist.
Ab 10 Jahren:	Für trittsichere Kinder gut geeignet.

Navi: 6787 Gargellen, Bergbahnstraße 89 a.

Anfahrt: A14 Abfahrt Montafon nehmen und der Beschilderung zuerst nach St. Gallenkirch folgen. Kurz vor St. Gallenkirch führt rechts die Straße über eine Holzbrücke nach Gargellen. Ca. 7 km nach Gargellen fahren. Am Dorfende befindet sich links der kostenpflichtige Parkplatz der Schafbergbahn.

Bus/Bahn: Linie 87 vom Bahnhof Schruns, Hst. Schafbergbahn.

Ausgangspunkt/P: Kostenpflichtiger Parkplatz Schafbergbahn Gargellen.

Infos/Gaststätten: *Alpe Rongg, nette Alpe für eine zünftige Brettljause; Tel. 0664 4539277, geöff. 11–17 h von Mitte Juni–Ende Sept. bei guter Witterung. *Weitere Gasthäuser im Dorf.

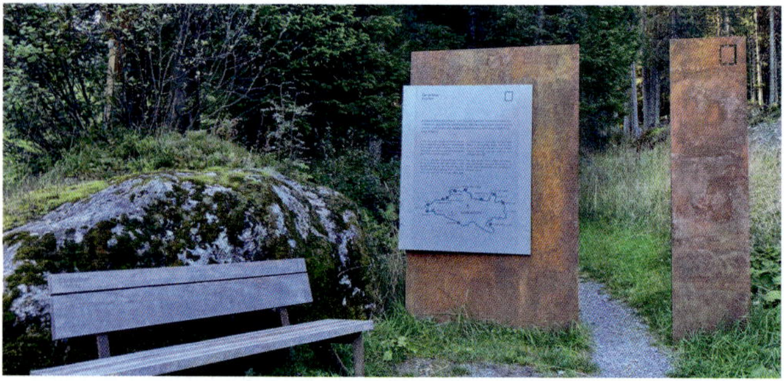

Aus der Wandertrickkiste:
Balancieren ist eine Lieblingsbeschäftigung vieler Kinder. Leider gibt es nicht immer umgefallene oder liegende Baumstämme. Aber man kann ja auch auf gedachten Linien balancieren oder eine Schnur mitnehmen.

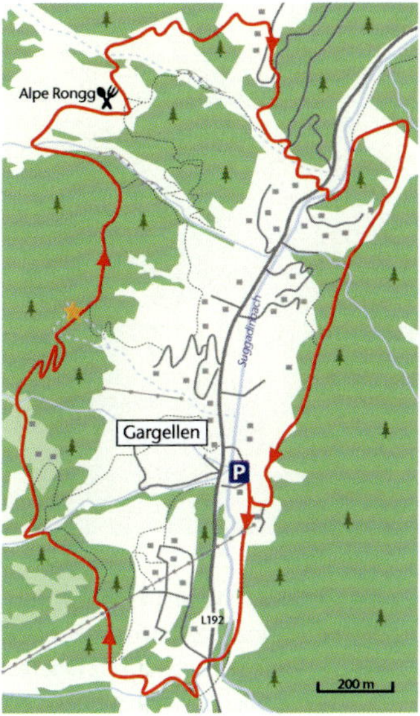

Wegbeschreibung: Der Weg startet rechts neben der Schafbergbahn. Am Parkplatz befindet sich schon der erste Wegweiser (ein schwarzes Viereck symbolisiert die Fenster) und ab hier begleitet dieses Symbol die gesamte Tour. Eine genauere Beschreibung erübrigt sich deshalb, hier einige markante Punkte. Die 1. Station ist ein Kalkofen bei der kleinen Brücke über den Valzifenzbach. Dann gehts weiter bis zum Gitzistee, einem großen Stein. Später gehts zum Stall auf der Rüti, dieser wurde zu einer Art Museum umgestaltet mit interessanten Info-Tafeln. Danach folgt ein sehr schöner Abschnitt über die Alplandschaft zur Ronggalpe. Weiter geht es zur Röbi, einer kleinen Maisäß-Ansiedlung und dann nach Gargellen. Die Hauptstraße überqueren, über die Brücke gehen, links halten und ein Stück talauswärts. Nach ca. 200 m geht rechts ein Weg über eine offene Wiese Richtung Juliusruhe nach oben. Der offizielle Weg würde bei der Juliusruhe links aufwärts ins Vergaldner Wäldle gehen. Wir kürzen die Runde ab und folgen dem Wegweiser zur Schafbergbahn zum Ausgangspunkt.

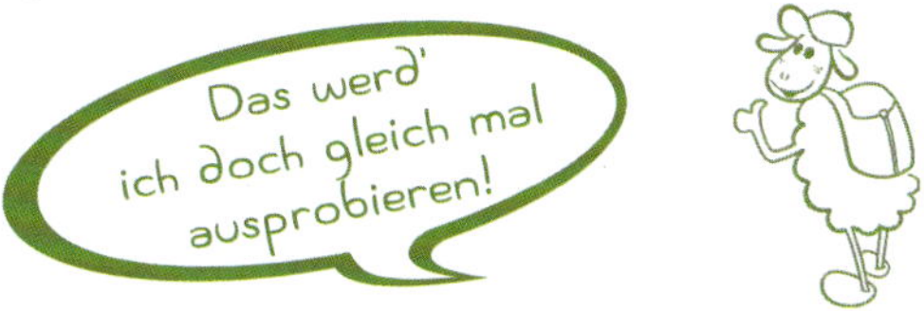

57 Muntafuner Gagla-Weg (880 m)

St. Gallenkirch: abwechslungsreicher Weg am Wasser entlang

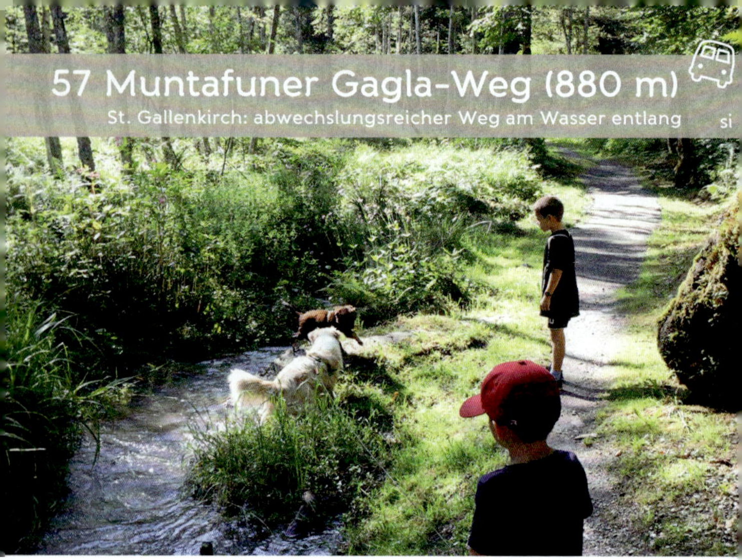

Es gibt 9 Gagla-Wege im Montafon, Gagla – so werden die Kinder in dieser Region genannt. Wanderwege für Kinder sind daher Gagla-Wege. Viele führen durch Dörfer und bewohnte Gebiete. Da wir so weit wie möglich jedoch Naturwege beschreiben und Asphaltwege vermeiden möchten, haben wir die Runde dieses gut beschilderten Gagla-Weges gekürzt. Die meiste Zeit der Wanderung habt ihr deshalb das Rauschen eines Baches im Ohr und auch die Wegführung ist sehr interessant.

Wetter: Anforderung: Gesamtdauer: 1 ¾ h

Anforderung:	Mittel; 134 Hm; ca. ¼ h auf einer Asphaltstraße, ansonsten Wald- und Wiesenwege.
Dauer:	RW: 1 ¾ h (reine Gehzeit, jedoch mehr Zeit zum Verweilen einplanen); 4,5 km.
Wetter:	Klassisches Wanderwetter.

Kindergarten-kinder:	Die Wanderung ist sehr abwechslungsreich. Es gibt eine sehr nett gestaltete Wassertrete in Gortipohl und einen schönen Spielplatz. Der Höhepunkt der Wanderung ist sicherlich der beeindruckende Balbier-Wasserfall. Ebenfalls ist der Wechsel der Wegbeschaffenheit sehr motivierend für die Kinder.
Volksschulkinder:	Siehe oben.
Ab 10 Jahren:	Für diese Altersgruppe würde sich die ganze Runde (7,1 km, 2 ½ h) eignen, die in St. Gallenkirch startet und gut ausgeschildert ist.

Navi: 6791 St. Gallenkirch, St. Gallenkirch 198a – Parkplatz der Garfrescha Bahn.

Anfahrt: A14 Ausfahrt Bludenz-Montafon, taleinwärts Richtung Schruns, dann weiter nach St. Gallenkirch. Durch das Dorf fahren und beim Supermarkt rechts hinunter zur Garfreschabahn fahren und parken.

Bus/Bahn: Linie 85, Hst. Garfrescha Bahn

Ausgangspunkt/P: Parkplatz Garfrescha Bahn

Infos/Gaststätten: *Gaststätten im Dorf, für die Wanderung jedoch Jause mitnehmen. *Weitere Gagla-Wege findet ihr auf der Homepage von www.montafon.at. *Bei den Tourismusbüros Montafon und in den Bürgerservicestellen St. Anton im Montafon und Vandans können Rucksäcke gegen Einsatz ausgeliehen werden. Sie beinhalten Rätsel für Kinder und zum Schluss gibt es eine Belohnung. Infos unter www.montafon.at.

Wegbeschreibung: Hinweis: Unsere Beschreibung weicht am Anfang und am Ende vom offiziellen Weg ab, da die gesamte Strecke unseres Erachtens zu lange für Volksschulkinder ist. Vom Ausgangspunkt dem roten Wegweiser „Gagla Weg“ zuerst auf dem Radweg folgen. Danach zweigt der Weg über eine Brücke ab und führt direkt an der Ill ca. 20 Min. bis zur Wassertrete Gortipohl. Weiter geht‘s auf einer Asphaltstraße am Tennisplatz vorbei und durch das Sägewerk bis zur Hauptstraße. Diese überqueren und dem Wegweiser Richtung Spielplatz/Wasserfall folgen. Nach ca. 10 Min. Aufwärtslaufen lädt der

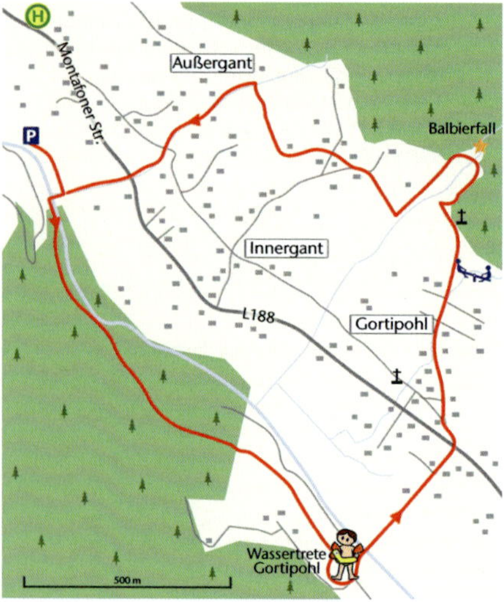

Spielplatz zum Verweilen ein. Dann weiter aufwärts Richtung Wasserfall. Dieser ist sehr imposant, auch mit der Wildwasserverbauung. Beim Wasserfall über die Brücke gehen und am anderen Ufer im Wiesenweg wieder abwärts. An der Brücke rechts in den Wiesenweg einbiegen und der Beschilderung des Gagla-Weges folgen. Es geht über Wiesen und zwischen alten Montafoner Häusern und Heustadeln durch. Beim nächsten kleinen Bach führt der Weg gleich nach der Brücke am Bach entlang hinunter. Achtung: Hier weicht der Weg von der offiziellen Wegführung ab: Wir folgen dem Bach weiter bis zum Ende und biegen dann rechts zum Ausgangspunkt ab.

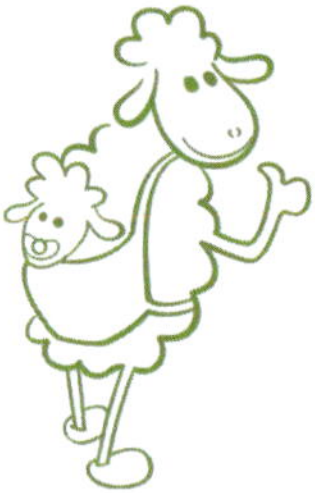

Aus der Wandertrickkiste:
Freunde mitnehmen!
Das tut Kindern und
Erwachsenen gut.
Die Zeit vergeht wie im Flug.

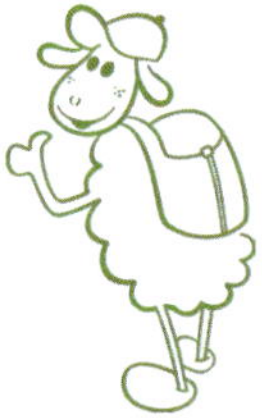

58 Gagla-Weg Partenen (1051 m)

Partenen: nette Wanderung im südlichsten Ort

si

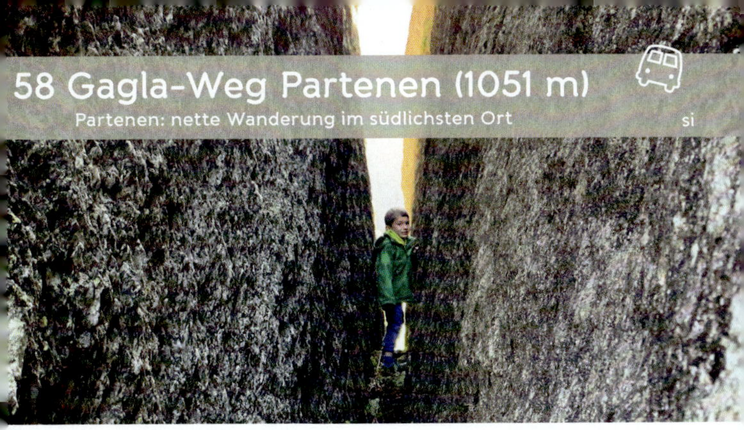

Wir müssen gestehen, dass uns dieser Weg zuerst gar nicht recht zugesagt hat, zumal es ein paar unangenehme Stellen, z.B. über einen Golfplatz oder Straßenüberquerungen gibt. Vielleicht gerade aufgrund dieser anfänglichen Skepsis hat sich dieser Gagla-Weg dann doch als recht nett herausgestellt. Die Landschaft ist idyllisch und auch die Anfahrt Richtung Talschluss nach Partenen ist interessant. Eine Besonderheit ist der Gufelstee, das ist ein gespaltener Stein, der einer Legende nach mit Blitz und Donner gespalten wurde, da sich die Unterengadiner und die Montafoner in Grenzstreitigkeiten nicht einig wurden. Hinweis: Den Silvretta-Stausee haben wir in unserem Kinderwagen-Wanderbuch beschrieben.

Wetter: Anforderung: Gesamtdauer: 2 h

Anforderung: Mittel; 150 Hm; kurz vor dem Wasserfall etwas abschüssig, bitte Kinder an der Hand nehmen; hauptsächlich Wald- u. Wiesenwege, kurz Asphaltstraße.

Dauer: RW: 2 h; 4,3 km.

Wetter: Schönes Wanderwetter; von November bis Februar ist es in Partenen fast nur schattig, da die Berge die Sonne verdecken.

Kindergarten-kinder:	Gute LäuferInnen schaffen die Runde sehr gut. Auf dem Weg liegt das Schwimmbad Partenen und bei der Volksschule gibt es einen netten Spielplatz. Beim Tourismusbüro können die Rucksäcke für die Gagla-Wege ausgeliehen werden, wobei ohne Rucksack mit Informationsmaterial die Wanderung auch sehr spannend ist.
Volksschulkinder:	Siehe oben.
Ab 10 Jahren:	Nette Runde für zwischendurch.

Navi: 6794 Partenen, Silvrettastraße 8 (Tourismusbüro). 6794 Partenen, Silvrettastraße 64a (Tafmuntbahn).

Anfahrt: A14, Abfahrt Bludenz-Montafon, Richtung Schruns und dann weiter nach Partenen bis ans Ende des Tales fahren.

Bus/Bahn: Linie 85, Hst. Zentrum.

Ausgangspunkt/P: Tourismusbüro Partenen.

Infos/Gaststätten: * Infos zu den Gagla-Wegen und zu den verschiedenen Stationen z. B. Franz Josef Rudigier Haus oder dem Gufelstee unter: www.montafon.at. *Tourismusbüro Partenen: Öffnungszeiten: Mo–Fr, 9–12 h (Öffnungszeiten variieren je nach Saison, genaue Infos zum Tourismus Montafon auf der Homepage unter www.montafon.at; die Rucksäcke können in allen Montafoner Tourismusbüros ausgeliehen werden; Pfand € 30). *Einige Gaststätten im Dorf, in der Zwischensaison haben einige Gasthäuser geschlossen. *Mountain Beach Gaschurn und Schwimmbad Partenen: www.mountainbeach.at. Ein Besuch im Schwimmbad bietet sich gut nach der Wanderung an.

Wegbeschreibung: Hinweis: Wir beschreiben den Weg ab dem Parkplatz bei den Bahnen. Von dort auf der Silvrettastraße dorfeinwärts in ca. 10 Minuten zum Tourismusbüro gehen, wo die Rucksäcke ausgegeben werden, siehe Infos. Wenn ihr zu zweit unterwegs seid, kann eine/r derweil beim gut sichtbaren Spielplatz neben der Volksschule warten und so den Weg ein bisschen verkürzen. Wer keinen Rucksack benötigt, startet gleich bei diesem Spielplatz und marschiert von dort Richtung Feuerwehr. Die Montafoner Straße überqueren und über die Brücke. Danach links am kleinen Schwimmbad vorbei gehen und dem

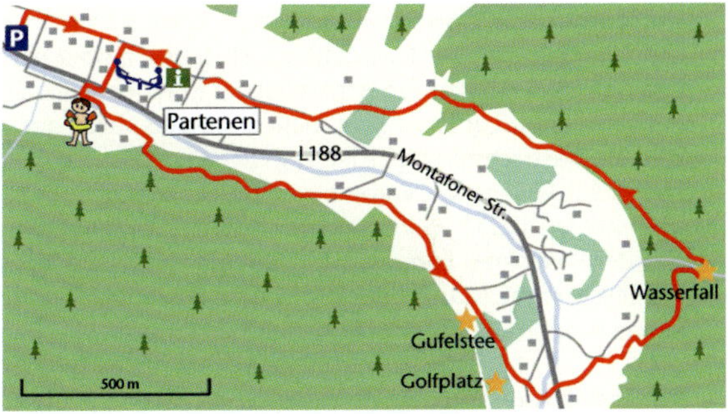

Wegweiser „Ortsrunde Partenen“ folgen. Leider ist dieser Weg nicht so gut ausgeschildert, weshalb wir hier genauer beschreiben: Der Weg geht vom breiten Schotterweg in einen schmalen Pfad im Wald über, später mündet er wieder in den Schotterweg. Hier sind ein paar kurze Steigungen zu überwinden. Am Ende des Schotterweges wird der Weg (gelb-weiße Markierung) zu einem Wiesenweg. Vorbei geht es an Häusern (eine Zufahrtsstraße wird gequert) und weiter zum Golfplatz.

Auf der rechten Seite befindet sich der bekannte Gufelstee, der gespaltene Stein. Um dorthin zu kommen, muss man ein Stück über den Golfplatz laufen, leider ist diese kurze Strecke (ca. 5 Min.) unangenehm. Weiter geht's später über eine Holzbrücke und dann über die Silvretta-Hochalpenstraße. Diese überqueren – aufgrund der vielen Autos und Motorräder ist auch dieses Stück etwas unangenehm. Anschließend dem roten Wegweiser „Muntafuner Gagla-Weg“ folgen. Der Weg geht an einer Mauer entlang wieder ein kurzes steileres Stück aufwärts in den Wald. Ab da dem Wegweiser nach „Partenen-Ortsmitte“ folgen. Über den rauschenden Verbellabach führt eine kleine, aufregende und schmale Eisenbrücke.

Später geht's aus dem Wald heraus und bald öffnet sich der Blick über das Tal. Anschließend führt der Weg unter der Liftstütze des Schleppliftes abwärts bis zur Straße. Nun vorsichtig am linken Straßenrand zurück in die Ortsmitte laufen.

Zusatztipps

Dornbirner Ach, Dornbirn (Rundweg, 1 h, ca. 3,1 km, leicht)
Beim Parkplatz an der Furt geht der Weg gleich über eine Holzbrücke und dann links in den Fitnessparcours mit einigen tollen Stationen. Wer mit dem Fahrrad unterwegs ist, geht geradeaus weiter auf dem breiteren Weg. Bei der nächsten Kreuzung links gehen und immer geradeaus an der Sportstätte Birkenwiese vorbei bis zur Brücke laufen. Links über die Brücke und wieder am Damm links zurück. Im letzten Drittel der Strecke befindet sich der Spielplatz. Zum Ausgangspunkt immer geradeaus laufen. Wer mit Öffis kommt, kann die Runde auch beim Bahnhof Schoren starten. Die Runde ist auch kinderwagen- und fahrradtauglich.

Saminatal, Amerlügen (Eine Stecke ca. 45 min, ca. 4 km, leicht)
An der Kapelle in Amerlügen vorbei fahren, links halten und dem Weg, der zum teils „rauen“ Schotterweg wird, bis zur Schranke folgen (= Ausgangspunkt). Nach der Schranke geht der Weg immer leicht aufwärts (für gute LäuferInnen bis nach Steg in Liechstenstein möglich, jedoch eine Strecke 4 h). Am Anfang liegt der Weg etwas erhöht über dem Bach, später befindet er sich immer wieder auf gleicher Höhe. Die Strecke ist eigentlich sehr motivierend, da die Kinder selbst eine schöne Stelle zum Verweilen und Spielen suchen können. Das Bachbett bietet immer wieder seichtere Stellen, die dafür optimal sind. Ein Ziel könnte z. B. der zweistufige künstliche Wasserfall sein, der sich bei der Grenze zu Liechtenstein befindet und ca. in einer ¾ h erreicht ist. Gleicher Rück- wie Hinweg.

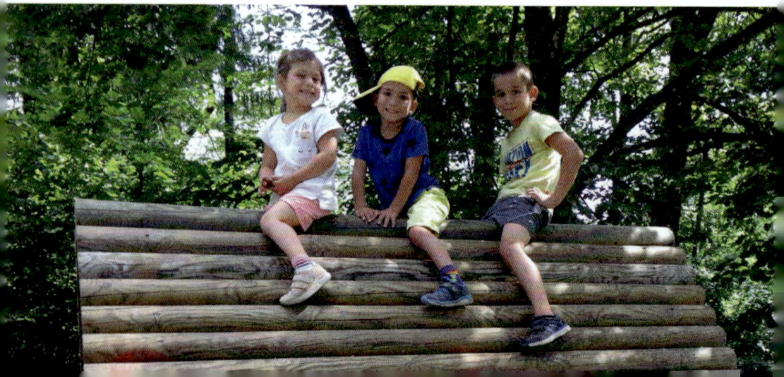

Erläuterungen zum Gebrauch des Wanderführers

Dieses Wanderbuch wurde für Kinder von ca. 4—14 Jahren geschrieben. Die kurzen Touren sind – je nach Gehfreude – auch für kleinere Kinder geeignet. Ab ca. 10 Jahren sind vor allem die längeren Bergtouren interessant, für die Jüngeren eignen sich speziell Wanderungen entlang von seichten Bächen oder das Kapitel „Ruinen".

Anforderung:
Hier wird angegeben, wie die Steigung und Beschaffenheit des Weges ist und ob Bergerfahrung notwendig ist. Die Einteilung weicht manchmal von jener auf den Wegschildern ab, denn wir haben versucht, aus der Perspektive von Kindern zu bewerten.

Bei den Höhenmetern (Hm) geben wir die aufwärts zu bewältigenden Höhenmeter an.

- **Gelb** = leicht, keine Bergerfahrung notwendig.

- **Rot** = mittel, bezieht sich auf Wege oder Fußpfade mit mittleren Steigungen. Die Kinder sollten schon etwas Erfahrung im Bergsteigen haben, verlässlich sein (also nicht vom Weg abweichen) und im abschüssigen Gelände gesichert werden, siehe unter Sicherung.

- **Schwarz** = schwierig, über kurze oder mittellange Strecken ausgesetzt. Begleitpersonen und Kinder müssen trittsicher, schwindelfrei und geübt sein. Eine fachgerechte Ausrüstung wird vorausgesetzt..

Sicherung:
Bitte sichert kleinere und/oder nicht trittsichere und steigunerfahrene Kinder. Entweder an der Hand führen oder evtl. sogar mit „Brustgeschirr"/Bandschlinge. Infos dazu gibt es bei den alpinen Vereinen und im Bergsporthandel. Bergunerfahrenen wird empfohlen, zuerst nur die Touren mit gelben und roten Punkten (= leichte bis mittelschwere Touren) zu machen. Wenn die Kinder beim Ziel spielen, IMMER den Spielbereich abschreiten und beurteilen, ob eine Absturzgefahr besteht. Mit den Kindern vereinbaren, in welchem Radius sie spielen dürfen.

Dauer: Die Dauer bezieht sich immer auf die reine Gesamtgehzeit.

Wetter: Hier wird jeweils angegeben, bei welcher Witterung die Wanderung geeignet ist. Mit der Angabe „geeignet für jedes Wetter" ist schönes, bewölktes oder leichtes Nieselwetter gemeint. Bei Stürmen und Regenschauern ist von jeder Wanderung abzuraten.

	**Klassisches Wanderwetter:** Moderate Temperaturen, nicht zu heiß und nicht zu kalt. Im Sommer nicht in der Mittagszeit gehen.
	**Nieselwetter**: Manche Wege, vor allem jene im Wald, sind auch bei bewölktem Wetter oder leichtem Regen gut möglich. Gute Regenbekleidung ist trotzdem wichtig.
	**Winter**: Die Tour ist auch im Winter bei Schneelage geeignet.
	**Plantschmöglichkeiten:** Wird angeführt, wenn es die Möglichkeiten zum Plantschen in einem kleinen Bach o. Ä. gibt.

Bus/Bahn:

Hier ist die nächstgelegene Haltestelle angeführt, wenn eine Anreise mit öffentlichen Verkehrsmitteln sinnvoll erscheint. Fahrpläne für Vorarlberg sind auf folgender Seite abrufbar: www.vmobil.at. Bitte beachten, dass die Haltestelle vom Ausgangspunkt weiter entfernt sein kann und dass einige Linien saisonal eingeschränkt verkehren.

AP (Ausgangspunkt)/P (Parkmöglichkeit):
Von hier aus startet die Beschreibung der Wanderung.

Wegbeschreibung:
Wir haben versucht, so knapp wie möglich zu formulieren. Sollten Beschreibungen unklar sein, sind wir sehr dankbar, wenn wir darauf hingewiesen werden.

Skizzen/Kartografie:
Die Skizzen sollen einer groben Orientierung dienen. Sie sind keine millimetergenaue Abbildung der Realität. Wir haben nur jene Straßen, Wege und markanten Punkte eingezeichnet, die uns für die Wegfindung wichtig erschienen.

Ausrüstung

Es ist wichtig, die Ausrüstung an den Schwierigkeitsgrad und die Dauer anzupassen. Wir würden kleineren Kindern entweder keinen Rucksack zum Tragen geben oder – wenn sie möchten – nur mit minimalem Inhalt (z.B. Schokoriegel).

1. Bekleidung/Schuhe:
Gute Wanderschuhe mit ordentlichem Profil sind bei allen „roten“ und „schwarzen“ Wegen unerlässlich. Für die „gelben“ Routen genügen normale Halb- oder Turnschuhe. Warme Jacken und vor allem auch bei den längeren Touren Regenbekleidung mitnehmen.

2. Verpflegung:
Immer ausreichend zu trinken und Jause mitnehmen. In diesem Buch sind – anders als im ersten Buch „Kinderwagen- & Tragetouren Vorarlberg” – viele Wanderungen angeführt, bei denen keine Gaststätte am Ende winkt. Aber auch wenn es eine gibt, nicht darauf verlassen, dass sie offen hat (siehe unter Infos/Gaststätten). Ein Alpsommer hängt von der Witterung ab und dauert ca. von Mitte Mai bis Anfang September. Die meisten Kinder genießen es in diesem Alter ohnehin schon – vor allem in der warmen

Jahreszeit – sich ein Plätzle am Wegrand zu suchen, zu jausnen und zu rasten. Und ein Schokobröckle für den Zuckerhaushalt schadet auch nicht für 's Weitergehen.

3. Pflege/Schutz (je nach Jahreszeit):

- Verbandszeug, Sonnencreme, Käpple etc.

4. Sonstiges:

- Taschenmesser (zum Apfel-Schälen, Pflaster-Abschneiden, Rindenschiffle-Schnitzen etc.), Sitzunterlage etc.

Verhaltensregeln bei Weidevieh

Von der Landwirtschaftskammer Vorarlberg bzw. Tirol werden Verhaltensregeln empfohlen, bitte unbedingt beachten (siehe unter: www.vbg.lko.at – „Eine Alm ist kein Streichelzoo", Stand Mai 2020). Hier ein kleiner Ausschnitt:

Abkürzungen

AP	Ausgangspunkt
Bhf.	Bahnhof
bew.	bewirtschaftet
ganzj.	ganzjährig
geöff.	geöffnet
geschl.	geschlossen
Ghf.	Gasthof
Hst.	Haltestelle
P	Parkplatz
RW	Rundweg
tgl.	täglich
Mo ... So	Montag ... Sonntag
RP	Richtpreis

Plant ihr eine neue Tour?
Dann schaut vorher unter
„Aktuelles zum Buch"
auf wandaverlag.com
Denn manchmal gibt es Änderungen ....

Mit Kindern wandern:
Durch den Ehrgeiz, ein Ziel zu erreichen, wird oftmals das Gegenteil des Erhofften bewirkt. Deshalb lieber kurze Strecken wählen, evtl. nur bis zum ersten Bachzugang gehen und die Natur als Abenteuer sehen. Der Zeitplan der Kinder wird immer stärker durchgetaktet und nach einem Ziel ausgerichtet. Wandern kann einen guten Gegensatz dazu bilden, einen Freiraum ohne gegenseitiges Messen und Bewerten.

In der Natur geben keine Geräte die Bewegung vor, die Phantasie wird angeregt, etwas selbst zu gestalten, das unebene Gelände schult unbemerkt die Koordination, der Wald wirkt beruhigend auf das Nervensystem u.v.m.

Je jünger die Kinder sind, desto kürzer sollten die Wege sein. Das ist jedoch nur eine grobe Richtlinie, denn es hängt von der Tagesverfassung, Kondition und Erfahrung ab, welche Touren ihr bevorzugt – manche 4-Jährige gehen Klettersteige und manche 14-Jährige sind bei Alptouren überfordert.

Gepäck für Kinder: Hier gehen die Meinungen auseinander, die Fachliteratur spricht von 10 % des Körpergewichts. Am besten ist es, dem Kind gar keinen Rucksack umzuhängen, oder wenn es einen möchte, es selbst entscheiden zu lassen, was hineinkommen soll.

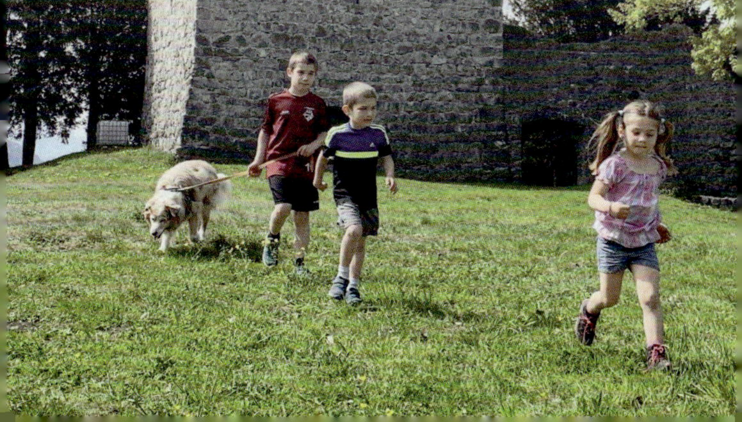

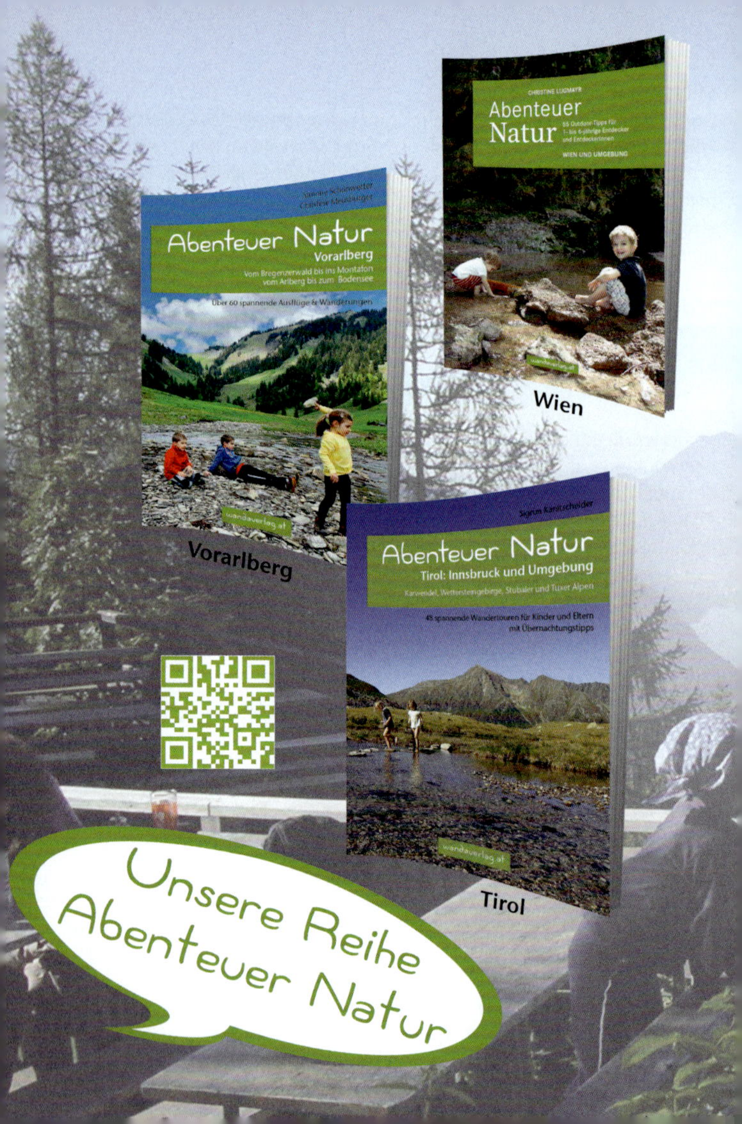

Abenteuer Natur
Vorarlberg
Vom Bregenzerwald bis ins Montafon
vom Arlberg bis zum Bodensee
Über 60 spannende Ausflüge & Wanderungen
wandaverlag.at
Vorarlberg
CHRISTINE LUGMAYR
Abenteuer Natur
WIEN UND UMGEBUNG
Wien
Sigrun Kanitscheider
Abenteuer Natur
Tirol: Innsbruck und Umgebung
Karwendel, Wettersteingebirge, Stubaier und Tuxer Alpen
45 spannende Wandertouren für Kinder und Eltern
mit Übernachtungstipps
wandaverlag.at
Tirol
Unsere Reihe
Abenteuer Natur

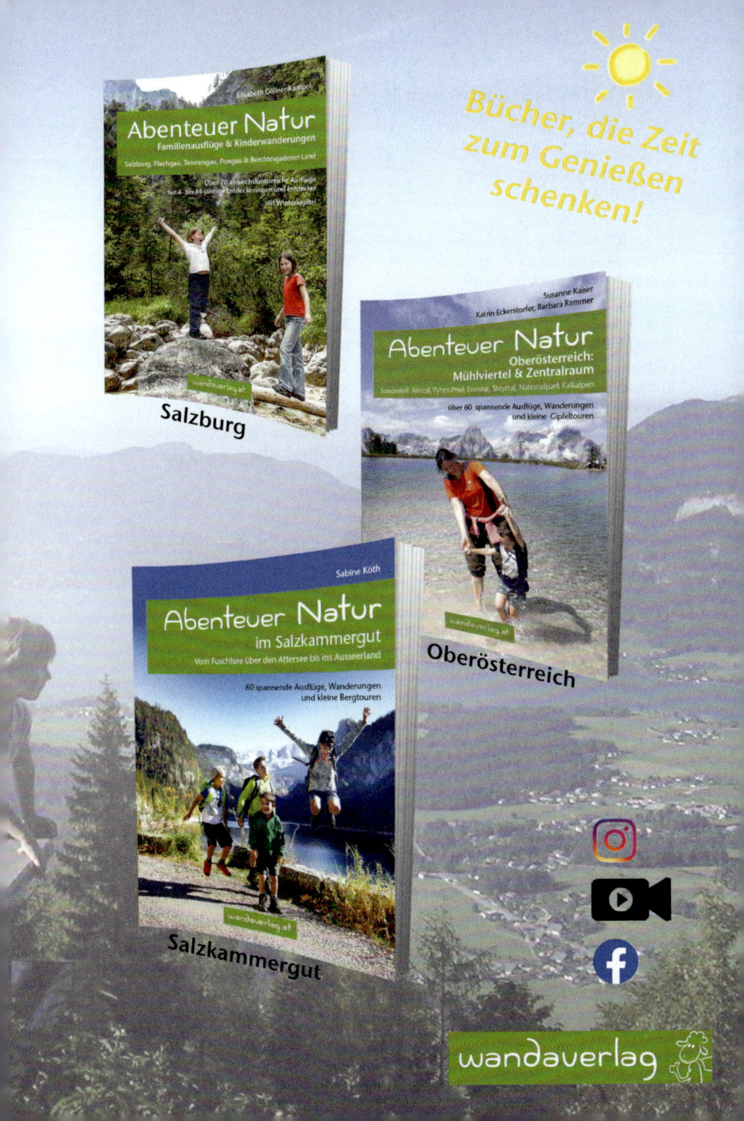

Bücher, die Zeit zum Genießen schenken!
Elisabeth Göllner-Kampel
Abenteuer Natur
Familienausflüge & Kinderwanderungen
Salzburg, Flachgau, Tennengau, Pongau & Berchtesgadener Land
wandaverlag.at
Salzburg
Susanne Kaiser
Katrin Eckerstorfer, Barbara Rammer
Abenteuer Natur
Oberösterreich: Mühlviertel & Zentralraum
Sonderteil: Almtal, Pyhrn-Priel, Ennstal, Steyrtal, Nationalpark Kalkalpen
über 60 spannende Ausflüge, Wanderungen und kleine Gipfeltouren
wandaverlag.at
Oberösterreich
Sabine Köth
Abenteuer Natur
im Salzkammergut
Vom Fuschlsee über den Attersee bis ins Ausseerland
60 spannende Ausflüge, Wanderungen und kleine Bergtouren
wandaverlag.at
Salzkammergut
wandaverlag

Alphabetisches Register

Fotospenden:

Khoo Gabriele, Nr. 51, Sonnenkopf

Jäger Bettina, Nr. 53, Lünersee Rundweg

Plant ihr eine neue Tour?
Dann schaut ab und zu unter „Aktuelles zum Buch"
auf wandaverlag.com
Denn manchmal gibt es Änderungen ....